Colección de guías de conversación
"¡Todo irá bien!"

T&P Books Publishing

GUÍA DE CONVERSACIÓN

— JAPONÉS —

LAS PALABRAS Y LAS FRASES MÁS ÚTILES

Esta Guía de Conversación
contiene las frases y las
preguntas más comunes
necesitadas para una
comunicación básica
con extranjeros

Andrey Taranov

T&P BOOKS

Guía de conversación + diccionario de 1500 palabras

Guía de conversación Español-Japonés y diccionario conciso de 1500 palabras

por Andrey Taranov

La colección de guías de conversación para viajar "Todo irá bien" publicada por T&P Books está diseñada para personas que viajan al extranjero para turismo y negocios. Las guías contienen lo más importante - los elementos esenciales para una comunicación básica. Éste es un conjunto de frases imprescindibles para "sobrevivir" mientras está en el extranjero.

Una otra sección del libro también ofrece un pequeño diccionario con más de 1.500 palabras útiles. El diccionario incluye muchos términos gastronómicos y será de gran ayuda para pedir los alimentos en un restaurante o comprando comestibles en la tienda.

T&P Books Publishing
www.tpbooks.com

ISBN: 978-1-78492-638-0

Este libro está disponible en formato electrónico o de E-Book también.
Visite www.tpbooks.com o las librerías electrónicas más destacadas en la Red.

PREFACIO

La colección de guías de conversación para viajar "Todo irá bien" publicada por T&P Books está diseñada para personas que viajan al extranjero para turismo y negocios. Las guías contienen lo más importante - los elementos esenciales para una comunicación básica.Éste es un conjunto de frases imprescindibles para "sobrevivir" mientras está en el extranjero.

Esta guía de conversación le ayudará en la mayoría de los casos donde usted necesite pedir algo, conseguir direcciones, saber cuánto cuesta algo, etc. Puede también resolver situaciones difíciles de la comunicación donde los gestos no pueden ayudar.

Este libro contiene muchas frases que han sido agrupadas según los temas más relevantes. Una sección separada del libro también ofrece un pequeño diccionario con más de 1.500 palabras importantes y útiles.

Llévese la guía de conversación "Todo irá bien" en el camino y tendrá una insustituible compañera de viaje que le ayudará a salir de cualquier situación y le enseñará a no temer hablar con extranjeros.

TABLA DE CONTENIDOS

T&P Books Publishing

PRONUNCIACIÓN

T&P alfabeto fonético	Hiragana	Katakana	Romaji	Ejemplo japonés	Ejemplo español

Las consonantes

T&P alfabeto fonético	Hiragana	Katakana	Romaji	Ejemplo japonés	Ejemplo español
[a]	あ	ア	a	あなた	radio
[i], [i:]	い	イ	i	いす	tranquilo
[u], [u:]	う	ウ	u	うた	justo
[e]	え	エ	e	いいえ	verano
[ɔ]	お	オ	o	しお	costa
[jɑ]	や	ヤ	ya	やすみ	ensayar
[ju]	ゆ	ユ	yu	ふゆ	ciudad
[jɔ]	よ	ヨ	yo	ようす	yogur

Sílabas

T&P alfabeto fonético	Hiragana	Katakana	Romaji	Ejemplo japonés	Ejemplo español
[b]	ば	バ	b	ばん	en barco
[tʃ]	ち	チ	ch	ちち	porche
[d]	だ	ダ	d	からだ	desierto
[f]	ふ	フ	f	ひふ	golf
[g]	が	ガ	g	がっこう	jugada
[h]	は	ハ	h	はは	registro
[dʒ]	じ	ジ	j	じしょ	jazz
[k]	か	カ	k	かぎ	charco
[m]	む	ム	m	さむらい	nombre
[n]	に	ニ	n	にもつ	número
[p]	ぱ	パ	p	パン	precio
[r]	ら	ラ	r	いくら	era, alfombra
[s]	さ	サ	s	あさ	salva
[ɕ]	し	シ	sh	わたし	China
[t]	た	タ	t	ふた	torre
[ts]	つ	ツ	ts	いくつ	tsunami
[w]	わ	ワ	w	わた	acuerdo
[dz]	ざ	ザ	z	ざっし	inglés kids

LISTA DE ABREVIATURAS

Abreviatura en español

adj	-	adjetivo
adv	-	adverbio
anim.	-	animado
conj	-	conjunción
etc.	-	etcétera
f	-	sustantivo femenino
f pl	-	femenino plural
fam.	-	uso familiar
fem.	-	femenino
form.	-	uso formal
inanim.	-	inanimado
innum.	-	innumerable
m	-	sustantivo masculino
m pl	-	masculino plural
m, f	-	masculino, femenino
masc.	-	masculino
mat	-	matemáticas
mil.	-	militar
num.	-	numerable
p.ej.	-	por ejemplo
pl	-	plural
pron	-	pronombre
sg	-	singular
v aux	-	verbo auxiliar
vi	-	verbo intransitivo
vi, vt	-	verbo intransitivo, verbo transitivo
vr	-	verbo reflexivo
vt	-	verbo transitivo

T&P BOOKS

GUÍA DE CONVERSACIÓN JAPONÉS

Esta sección contiene frases
importantes que pueden
resultar útiles en varias
situaciones de la vida real.
La Guía le ayudará a pedir
direcciones, aclaración
sobre precio, comprar billetes,
y pedir alimentos en un
restaurante

T&P Books Publishing

CONTENIDO DE LA GUÍA DE CONVERSACIÓN

T&P Books Publishing

Lo más imprescindible

Perdone, …

すみません、…
sumimasen, …

Hola.

こんにちは。
konnichiwa

Gracias.

ありがとうございます。
arigatō gozai masu

Sí.

はい。
hai

No.

いいえ。
īe

No lo sé.

わかりません。
wakari masen

¿Dónde? | ¿A dónde? | ¿Cuándo?

どこ？ | どこへ？ | いつ？
doko？ | doko e？ | i tsu？

Necesito …

…が必要です
… ga hitsuyō desu

Quiero …

したいです
shi tai desu

¿Tiene …?

…をお持ちですか？
… wo o mochi desu ka？

¿Hay … por aquí?

ここには…がありますか？
koko ni wa … ga ari masu ka？

¿Puedo …?

…してもいいですか？
… shi te mo ī desu ka？

…, por favor? (petición educada)

お願いします。
onegai shi masu

Busco …

…を探しています
… wo sagashi te i masu

el servicio

トイレ
toire

un cajero automático

ATM
ētīemu

una farmacia

薬局
yakkyoku

el hospital

病院
byōin

la comisaría

警察
keisatsu

el metro

地下鉄
chikatetsu

un taxi	タクシー takushī
la estación de tren	駅 eki

Me llamo ...	私は…と申します watashi wa ... to mōshi masu
¿Cómo se llama?	お名前は何ですか？ o namae wa nan desu ka ?
¿Puede ayudarme, por favor?	助けていただけますか？ tasuke te itadake masu ka ?
Tengo un problema.	困ったことがあります。 komatta koto ga arimasu
Me encuentro mal.	気分が悪いのです。 kibun ga warui nodesu
¡Llame a una ambulancia!	救急車を呼んで下さい！ kyūkyū sha wo yon de kudasai !
¿Puedo llamar, por favor?	電話をしてもいいですか？ denwa wo shi te mo ī desu ka ?

Lo siento.	ごめんなさい。 gomennasai
De nada.	どういたしまして。 dōitashimashite

Yo	私 watashi
tú	君 kimi
él	彼 kare
ella	彼女 kanojo
ellos	彼ら karera
ellas	彼女たち kanojotachi
nosotros /nosotras/	私たち watashi tachi
ustedes, vosotros	君たち kimi tachi
usted	あなた anata

ENTRADA	入り口 iriguchi
SALIDA	出口 deguchi
FUERA DE SERVICIO	故障中 koshō chū
CERRADO	休業中 kyūgyō chū

ABIERTO 営業中
eigyō chū

PARA SEÑORAS 女性用
josei yō

PARA CABALLEROS 男性用
dansei yō

Preguntas

¿Dónde?
どこ？
doko ?

¿A dónde?
どこへ？
doko e ?

¿De dónde?
どこから？
doko kara ?

¿Por qué?
どうしてですか？
dōshite desu ka ?

¿Con que razón?
なんのためですか？
nan no tame desu ka ?

¿Cuándo?
いつですか？
i tsu desu ka ?

¿Cuánto tiempo?
どのぐらいですか？
dono gurai desu ka ?

¿A qué hora?
何時にですか？
nan ji ni desu ka ?

¿Cuánto?
いくらですか？
ikura desu ka ?

¿Tiene ...?
…をお持ちですか？
… wo o mochi desu ka ?

¿Dónde está ...?
…はどこですか？
… wa doko desu ka ?

¿Qué hora es?
何時ですか？
nan ji desu ka ?

¿Puedo llamar, por favor?
電話をしてもいいですか？
denwa wo shi te mo ī desu ka ?

¿Quién es?
誰ですか？
dare desu ka ?

¿Se puede fumar aquí?
ここでタバコを吸ってもいいですか？
koko de tabako wo sutte mo ī desu ka ?

¿Puedo ...?
…してもいいですか？
… shi te mo ī desu ka ?

Necesidades

Quisiera ...	…をしたいのですが … wo shi tai no desu ga
No quiero ...	…したくないです … shi taku nai desu
Tengo sed.	喉が渇きました。 nodo ga kawaki mashi ta
Tengo sueño.	眠りたいです。 nemuri tai desu

Quiero ...	したいです shi tai desu
lavarme	洗いたい arai tai
cepillarme los dientes	歯を磨きたい ha wo migaki tai
descansar un momento	しばらく休みたい shibaraku yasumi tai
cambiarme de ropa	着替えたい kigae tai

volver al hotel	ホテルに戻る hoteru ni modoru
comprar ...	…を買う … wo kau
ir a ...	…へ行く … e iku
visitar ...	…を訪問する … wo hōmon suru
quedar con ...	…と会う … to au
hacer una llamada	電話をする denwa wo suru

Estoy cansado /cansada/.	疲れています。 tsukare te i masu
Estamos cansados /cansadas/.	私たちは疲れました。 watashi tachi wa tsukare mashita
Tengo frío.	寒いです。 samui desu
Tengo calor.	暑いです。 atsui desu
Estoy bien.	大丈夫です。 daijōbu desu

Tengo que hacer una llamada.

電話をしなければなりません。
denwa wo shi nakere ba nari masen

Necesito ir al servicio.

トイレへ行きたいです。
toire e iki tai desu

Me tengo que ir.

行かなければいけません。
ika nakere ba ike masen

Me tengo que ir ahora.

今すぐ行かなければいけません。
ima sugu ika nakere ba ike masen

Preguntar por direcciones

Perdone, ...
すみません、…
sumimasen, ...

¿Dónde está ...?
…はどこですか？
... wa doko desu ka ?

¿Por dónde está ...?
…はどちらですか？
...wa dochira desu ka ?

¿Puede ayudarme, por favor?
助けていただけますか？
tasuke te itadake masu ka ?

Busco ...
…を探しています
... wo sagashi te i masu

Busco la salida.
出口を探しています。
deguchi wo sagashi te i masu

Voy a ...
…へ行く予定です
... e iku yotei desu

¿Voy bien por aquí para ...?
…へはこの道で合っていますか？
...e wa kono michi de atte i masu ka ?

¿Está lejos?
遠いですか？
tōi desu ka ?

¿Puedo llegar a pie?
そこまで歩いて行けますか？
soko made arui te ike masu ka ?

¿Puede mostrarme en el mapa?
地図で教えて頂けますか？
chizu de oshie te itadake masu ka ?

Por favor muestreme dónde estamos.
今どこにいるかを教えて下さい。
ima doko ni iru ka wo oshie te kudasai

Aquí
ここです
koko desu

Allí
あちらです
achira desu

Por aquí
こちらです
kochira desu

Gire a la derecha.
右に曲がって下さい。
migi ni magatte kudasai

Gire a la izquierda.
左に曲がって下さい。
hidari ni magatte kudasai

la primera (segunda, tercera) calle
1つ目（2つ目、3つ目）
の曲がり角
hitotsume (futatsume, mittsume)
no magarikado

a la derecha
右に
migi ni

a la izquierda

左に
hidari ni

Siga recto.

まっすぐ歩いて下さい。
massugu arui te kudasai

Carteles

¡BIENVENIDO!	いらっしゃいませ！ irasshai mase!
ENTRADA	入り口 iriguchi
SALIDA	出口 deguchi
EMPUJAR	押す osu
TIRAR	引く hiku
ABIERTO	営業中 eigyō chū
CERRADO	休業中 kyūgyō chū
PARA SEÑORAS	女性用 josei yō
PARA CABALLEROS	男性用 dansei yō
CABALLEROS	男性用 dansei yō
SEÑORAS	女性用 josei yō
REBAJAS	営業 eigyō
VENTA	セール sēru
GRATIS	無料 muryō
¡NUEVO!	新商品！ shin shōhin!
ATENCIÓN	目玉品！ medama hin!
COMPLETO	満員 man in
RESERVADO	ご予約済み go yoyaku zumi
ADMINISTRACIÓN	管理 kanri
SÓLO PERSONAL AUTORIZADO	社員専用 shain senyō

CUIDADO CON EL PERRO　猛犬注意
mōken chūi

NO FUMAR　禁煙！
kin en！

NO TOCAR　触るな危険！
sawaru na kiken！

PELIGROSO　危ない
abunai

PELIGRO　危険
kiken

ALTA TENSIÓN　高電圧
kō denatsu

PROHIBIDO BAÑARSE　水泳禁止！
suiei kinshi！

FUERA DE SERVICIO　故障中
koshō chū

INFLAMABLE　火気注意
kaki chūi

PROHIBIDO　禁止
kinshi

PROHIBIDO EL PASO　通り抜け禁止！
tōrinuke kinshi！

RECIÉN PINTADO　ペンキ塗り立て
penki nuritate

CERRADO POR RENOVACIÓN　改装閉鎖中
kaisō heisa chū

EN OBRAS　この先工事中
kono saki kōji chū

DESVÍO　迂回
ukai

Transporte. Frases generales

el avión	飛行機 hikōki
el tren	電車 densha
el bus	バス basu
el ferry	フェリー ferī
el taxi	タクシー takushī
el coche	車 kuruma

el horario	時刻表 jikoku hyō
¿Dónde puedo ver el horario?	どこで時刻表を見られますか？ doko de jikoku hyō wo mirare masu ka？
días laborables	平日 heijitsu
fines de semana	週末 shūmatsu
días festivos	祝日 kokumin no syukujitsu

SALIDA	出発 shuppatsu
LLEGADA	到着 tōchaku
RETRASADO	遅延 chien
CANCELADO	欠航 kekkō

siguiente (tren, etc.)	次の tsugi no
primero	最初の saisho no
último	最後の saigono

¿Cuándo pasa el siguiente ...?	次の…はいつですか？ tsugi no ... wa i tsu desu ka？
¿Cuándo pasa el primer ...?	最初の…はいつですか？ saisho no ... wa i tsu desu ka？

¿Cuándo pasa el último …?　最後の…はいつですか？
saigo no … wa i tsu desu ka ?

el trasbordo (cambio de trenes, etc.)　乗り継ぎ
noritsugi

hacer un trasbordo　乗り継ぎをする
noritsugi wo suru

¿Tengo que hacer un trasbordo?　乗り継ぎをする必要がありますか？
noritsugi o suru hitsuyō ga ari masu ka ?

Comprar billetes

¿Dónde puedo comprar un billete?	どこで乗車券を買えますか？ doko de jōsha ken wo kae masu ka ?
el billete	乗車券 jōsha ken
comprar un billete	乗車券を買う jōsha ken wo kau
precio del billete	乗車券の値段 jōsha ken no nedan

¿Para dónde?	どこへ？ doko e ?
¿A qué estación?	どこの駅へ？ doko no eki e ?
Necesito ...	…が必要です … ga hitsuyō desu
un billete	券 1枚 ken ichi mai
dos billetes	2枚 ni mai
tres billetes	3枚 san mai

sólo ida	片道 katamichi
ida y vuelta	往復 ōfuku
en primera (primera clase)	ファーストクラス fāsuto kurasu
en segunda (segunda clase)	エコノミークラス ekonomī kurasu

hoy	今日 kyō
mañana	明日 ashita
pasado mañana	あさって asatte
por la mañana	朝に asa ni
por la tarde	昼に hiru ni
por la noche	晩に ban ni

asiento de pasillo	通路側の席 tsūro gawa no seki
asiento de ventanilla	窓側の席 madogawa no seki
¿Cuánto cuesta?	いくらですか？ ikura desu ka ?
¿Puedo pagar con tarjeta?	カードで支払いができますか？ kādo de shiharai ga deki masu ka ?

Autobús

el autobús	バス basu
el autobús interurbano	高速バス kōsoku basu
la parada de autobús	バス停 basutei
¿Dónde está la parada de autobuses más cercana?	最寄りのバス停はどこですか？ moyori no basutei wa doko desu ka ?
número	数 kazu
¿Qué autobús tengo que tomar para …?	…に行くにはどのバスに乗れば いいですか ？ …ni iku niwa dono basu ni nore ba ī desu ka …?
¿Este autobús va a …?	このバスは…まで行きますか？ kono basu wa … made iki masu ka ?
¿Cada cuanto pasa el autobús?	バスはどのくらいの頻度で 来ますか？ basu wa dono kurai no hindo de ki masu ka?
cada 15 minutos	１５分おき jyū go fun oki
cada media hora	３０分おき sanjuppun oki
cada hora	１時間に１回 ichi jikan ni ittu kai
varias veces al día	１日に数回 ichi nichi ni sū kai
… veces al día	１日に…回 ichi nichi ni … kai
el horario	時刻表 jikoku hyō
¿Dónde puedo ver el horario?	どこで時刻表を見られますか？ doko de jikoku hyō wo mirare masu ka ?
¿Cuándo pasa el siguiente autobús?	次のバスは何時ですか？ tsugi no basu wa nan ji desu ka ?
¿Cuándo pasa el primer autobús?	最初のバスは何時ですか？ saisho no basu wa nan ji desu ka ?
¿Cuándo pasa el último autobús?	最後のバスは何時ですか？ saigo no basu wa nan ji desu ka ?

la parada   バス停、停留所
basutei, teiryūjo

la siguiente parada   次のバス停、次の停留所
tsugi no basutei, tsugi no teiryūjo

la última parada   最終停留所
saishū teiryūjo

Pare aquí, por favor.   ここで止めてください。
koko de tome te kudasai

Perdone, esta es mi parada.   すみません、ここで降ります。
sumimasen, koko de ori masu

Tren

el tren	電車 densha
el tren de cercanías	郊外電車 kōgai densha
el tren de larga distancia	長距離列車 chōkyori ressha
la estación de tren	電車の駅 densha no eki
Perdone, ¿dónde está la salida al anden?	すみません、ホームへはど う行けばいいですか？ sumimasen, hōmu e wa dō ike ba ī desu ka?

¿Este tren va a …?	この電車は…まで行きますか？ kono densha wa … made iki masu ka ?
el siguiente tren	次の駅 tsugi no eki
¿Cuándo pasa el siguiente tren?	次の電車は何時ですか？ tsugi no densha wa nan ji desu ka ?
¿Dónde puedo ver el horario?	どこで時刻表を見られますか？ doko de jikoku hyō wo mirare masu ka ?
¿De qué andén?	どのホームからですか？ dono hōmu kara desu ka ?
¿Cuándo llega el tren a …?	電車はいつ到着しますか…？ densha wa i tsu tōchaku shi masu ka …?

Ayudeme, por favor.	助けて下さい。 tasuke te kudasai
Busco mi asiento.	私の座席を探しています。 watashi no zaseki wo sagashi te i masu
Buscamos nuestros asientos.	私たちの座席を探し ています。 watashi tachi no zaseki wo sagashi te i masu
Mi asiento está ocupado.	私の席に他の人が 座っています。 watashi no seki ni hoka no hito ga suwatte i masu
Nuestros asientos están ocupados.	私たちの席に他の人が 座っています。 watashi tachi no seki ni hoka no hito ga suwatte i masu.

Perdone, pero ese es mi asiento.

すみませんが、こちらは私
の席です。
sumimasen ga, kochira wa watashi
no seki desu

¿Está libre?

この席はふさがっていますか？
kono seki wa husagatte i masu ka ?

¿Puedo sentarme aquí?

ここに座ってもいいですか？
koko ni suwatte mo ī desu ka ?

En el tren. Diálogo (Sin billete)

Su billete, por favor.

乗車券を見せて下さい。
jōsha ken wo mise te kudasai

No tengo billete.

乗車券を持っていません。
jōsha ken wo motte i masen

He perdido mi billete.

乗車券を失くしました。
jōsha ken wo nakushi mashi ta

He olvidado mi billete en casa.

乗車券を家に忘れました。
jōsha ken wo ie ni wasure mashi ta

Le puedo vender un billete.

私からも乗車券を購入できます。
watashi kara mo jōsha ken wo kōnyū
deki masu

También deberá pagar una multa.

それから罰金を払わなけれ
ばいけません。
sorekara bakkin wo harawa nakere
ba ike masen

Vale.

わかりました。
wakari mashi ta

¿A dónde va usted?

行き先はどこですか？
yukisaki wa doko desu ka ?

Voy a ...

…に行きます。
… ni iki masu

¿Cuánto es? No lo entiendo.

いくらですか？ わかりません。
ikura desu ka ? wakari masen

Escríbalo, por favor.

書いてください。
kai te kudasai

Vale. ¿Puedo pagar con tarjeta?

わかりました。クレジットカード
で支払いできますか？
wakari mashi ta. kurejittokādo
de shiharaideki masu ka?

Sí, puede.

はい。
hai

Aquí está su recibo.

レシートです。
reshīto desu

Disculpe por la multa.

罰金をいただいてすみません。
bakkin wo itadaite sumimasen

No pasa nada. Fue culpa mía.

大丈夫です。私のせいですから。
daijōbu desu. watashi no sei desu kara

Disfrute su viaje.

良い旅を。
yoi tabi wo

Taxi

taxi	タクシー takushī
taxista	タクシー運転手 takushī unten shu
coger un taxi	タクシーをひろう takushī wo hirō
parada de taxis	タクシー乗り場 takushī noriba
¿Dónde puedo coger un taxi?	どこでタクシーをひろえますか？ doko de takushī wo hiroe masu ka ?
llamar a un taxi	タクシーを呼ぶ takushī wo yobu
Necesito un taxi.	タクシーが必要です。 takushī ga hitsuyō desu
Ahora mismo.	今すぐ。 ima sugu
¿Cuál es su dirección?	住所はどこですか？ jūsho wa doko desu ka ?
Mi dirección es ...	私の住所は…です watashi no jūsho wa ... desu
¿Cuál es el destino?	どちらへ行かれますか？ dochira e ikare masu ka ?
Perdone, ...	すみません、… sumimasen, ...
¿Está libre?	乗ってもいいですか？ nottemo ī desu ka ?
¿Cuánto cuesta ir a ...?	…までいくらですか？ ... made ikura desu ka ?
¿Sabe usted dónde está?	どこにあるかご存知ですか？ doko ni aru ka gozonji desu ka ?
Al aeropuerto, por favor.	空港へお願いします。 kūkō e onegai shi masu
Pare aquí, por favor.	ここで止めてください。 koko de tome te kudasai
No es aquí.	ここではありません。 koko de wa ari masen
La dirección no es correcta.	その住所は間違っています。 sono jūsho wa machigatte i masu
Gire a la izquierda.	左へ曲がって下さい hidari e magatte kudasai

Gire a la derecha.	右へ曲がって下さい migi e magatte kudasai
¿Cuánto le debo?	いくらですか？ ikura desu ka ?
¿Me da un recibo, por favor?	領収書を下さい。 ryōshū sho wo kudasai
Quédese con el cambio.	おつりはいりません。 o tsuri hairi masen
Espéreme, por favor.	待っていて頂けますか？ matte i te itadake masu ka?
cinco minutos	5分 go fun
diez minutos	10分 juppun
quince minutos	15分 jyū go fun
veinte minutos	20分 nijuppun
media hora	30分 sanjuppun

Hotel

Hola.	こんにちは。 konnichiwa
Me llamo …	私の名前は…です watashi no namae wa … desu
Tengo una reserva.	予約をしました。 yoyaku wo shi mashi ta
Necesito …	私は…が必要です watashi wa … ga hitsuyō desu
una habitación individual	シングルルーム shinguru rūmu
una habitación doble	ツインルーム tsuin rūmu
¿Cuánto cuesta?	いくらですか？ ikura desu ka ?
Es un poco caro.	それは少し高いです。 sore wa sukoshi takai desu
¿Tiene alguna más?	他にも選択肢はありますか？ hoka ni mo sentakushi wa ari masu ka ?
Me quedo.	それにします。 sore ni shi masu
Pagaré en efectivo.	現金で払います。 genkin de harai masu
Tengo un problema.	困ったことがあります。 komatta koto ga arimasu
Mi … no funciona.	私の…が壊れています。 watashi no … ga koware te i masu
Mi … está fuera de servicio.	私の…が故障しています。 watashi no … ga koshō shi te i masu
televisión	テレビ terebi
aire acondicionado	エアコン eakon
grifo	蛇口 jaguchi
ducha	シャワー shawā
lavabo	流し台 nagashi dai
caja fuerte	金庫 kinko

cerradura	錠 jō
enchufe	電気のコンセント dengen no konsento
secador de pelo	ドライヤー doraiyā

No tengo …	…がありません … ga ari masen
agua	水 mizu
luz	明かり akari
electricidad	電気 denki

¿Me puede dar …?	…を頂けませんか？ … wo itadake masenka ?
una toalla	タオル taoru
una sábana	毛布 mōfu
unas chanclas	スリッパ surippa
un albornoz	バスローブ basurōbu
un champú	シャンプーを何本か shanpū wo nannbon ka
jabón	石鹸をいくつか sekken wo ikutsu ka

Quisiera cambiar de habitación.	部屋を変えたいのですが。 heya wo kae tai no desu ga
No puedo encontrar mi llave.	鍵が見つかりません。 kagi ga mitsukarimasenn
Por favor abra mi habitación.	部屋を開けて頂けますか？ heya wo ake te itadake masu ka ?
¿Quién es?	誰ですか？ dare desu ka ?
¡Entre!	どうぞお入り下さい dōzo o hairikudasai
¡Un momento!	少々お待ち下さい！ shōshō omachi kudasai !
Ahora no, por favor.	後にしてもらえますか。 ato ni shi te morae masu ka

Venga a mi habitación, por favor.	私の部屋に来て下さい。 watashi no heya ni ki te kudasai
Quisiera hacer un pedido.	食事サービスをお願いしたい のですが。 shokuji sābisu wo onegai shi tai no desu ga

Mi número de habitación es …

私の部屋の番号は…
watashi no heya no bangō wa …

Me voy …

チェックアウトします…
tyekkuauto shi masu …

Nos vamos …

私たちはチェックアウトします…
watashi tachi wa tyekkuauto shi masu …

Ahora mismo

今すぐ
ima sugu

esta tarde

今日の午後
kyō no gogo

esta noche

今晩
konban

mañana

明日
ashita

mañana por la mañana

明日の朝
ashita no asa

mañana por la noche

明日の夕方
ashita no yūgata

pasado mañana

あさって
asatte

Quisiera pagar la cuenta.

支払いをしたいのですが。
shiharai wo shi tai no desu ga

Todo ha estado estupendo.

何もかもがよかったです。
nanimokamo ga yokatta desu

¿Dónde puedo coger un taxi?

どこでタクシーをひろえますか？
doko de takushī wo hiroe masu ka ?

¿Puede llamarme un taxi, por favor?

タクシーを呼んでいただけますか？
takushī wo yon de itadake masu ka ?

Restaurante

¿Puedo ver el menú, por favor?
メニューを頂けますか？
menyū wo itadake masu ka ?

Mesa para uno.
一人用の席をお願いします。
hitori yō no seki wo onegai shimasu

Somos dos (tres, cuatro).
2人（3人、4人）です。
futari (san nin, yon nin) desu

Para fumadores
喫煙
kitsuen

Para no fumadores
禁煙
kinen

¡Por favor! (llamar al camarero)
すみません！
sumimasen !

la carta
メニュー
menyū

la carta de vinos
ワインリスト
wain risuto

La carta, por favor.
メニューを下さい。
menyū wo kudasai

¿Está listo para pedir?
ご注文をお伺いしても
よろしいですか？
go chūmon wo o ukagai shi te mo
yoroshī desu ka?

¿Qué quieren pedir?
ご注文は何にしますか？
go chūmon wa nani ni shi masu ka ?

Yo quiero …
…を下さい。
… wo kudasai

Soy vegetariano.
私はベジタリアンです。
watashi wa bejitarian desu

carne
肉
niku

pescado
魚
sakana

verduras
野菜
yasai

¿Tiene platos para vegetarianos?
ベジタリアン向けの料理はありますか？
bejitarian muke no ryōri
wa ari masu ka?

No como cerdo.
私は豚肉を食べません。
watashi wa butaniku o tabe masen

Él /Ella/ no come carne.

彼 /彼女/ は肉を食べません。
kare /kanojo/ wa niku o tabe masen

Soy alérgico a …

私は…にアレルギーがあります
watashi wa … ni arerugī ga ari masu

¿Me puede traer …, por favor?

…を持ってきてもらえますか
… wo motte ki te morae masu ka

sal | pimienta | azúcar

塩 | 胡椒 | 砂糖
shio | koshō | satō

café | té | postre

コーヒー | お茶 | デザート
kōhī | ocha | dezāto

agua | con gas | sin gas

水 | スパークリングウォーター | 真水
mizu | supāku ringu wōtā | mamizu

una cuchara | un tenedor | un cuchillo

スプーン | フォーク | ナイフ
supūn | fōku | naifu

un plato | una servilleta

プレート | ナプキン
purēto | napukin

¡Buen provecho!

どうぞお召し上がりください
dōzo omeshiagari kudasai

Uno más, por favor.

もう一つお願いします。
mō hitotsu onegai shi masu

Estaba delicioso.

とても美味しかったです。
totemo oishikatta desu

---

la cuenta | el cambio | la propina

勘定 | おつり | チップ
kanjō | o tsuri | chippu

La cuenta, por favor.

お勘定をお願いします。
o kanjō wo onegai shi masu

¿Puedo pagar con tarjeta?

カードで支払いができますか？
kādo de shiharai ga deki masu ka ?

Perdone, aquí hay un error.

すみません、間違いがあります。
sumimasen, machigai ga ari masu

De Compras

¿Puedo ayudarle?
いらっしゃいませ。
irasshai mase

¿Tiene ...?
…をお持ちですか？
… wo o mochi desu ka ?

Busco ...
…を探しています
… wo sagashi te i masu

Necesito ...
…が必要です
… ga hitsuyō desu

Sólo estoy mirando.
ただ見ているだけです。
tada mi te iru dake desu

Sólo estamos mirando.
私たちはただ見ているだけです。
watashi tachi wa tada mi te iru dake desu

Volveré más tarde.
また後で来ます。
mata atode ki masu

Volveremos más tarde.
また後で来ます。
mata atode ki masu

descuentos | oferta
値引き ｜ セール
nebiki | sēru

Por favor, enséñeme ...
…を見せていただけますか
… wo mise te itadake masu ka

¿Me puede dar ..., por favor?
…をいただけますか
… wo itadake masu ka

¿Puedo probarmelo?
試着できますか？
shichaku deki masu ka ?

Perdone, ¿dónde están los probadores?
すみません、試着室は
どこですか？
sumimasen, shichaku shitsu wa doko desu ka?

¿Qué color le gustaría?
どの色がお好みですか？
dono iro ga o konomi desu ka ?

la talla | el largo
サイズ ｜ 長さ
saizu | naga sa

¿Cómo le queda? (¿Está bien?)
サイズは合いましたか？
saizu wa ai mashi ta ka ?

¿Cuánto cuesta esto?
これはいくらですか？
kore wa ikura desu ka ?

Es muy caro.
高すぎます。
takasugi masu

Me lo llevo.
これにします。
kore ni shi masu

Perdone, ¿dónde está la caja?　すみません、どこで支払いますか？
sumimasen, doko de shiharai masu ka ?

¿Pagará en efectivo o con tarjeta?　現金とクレジットカードのどちら
でお支払いされますか？
genkin to kurejittokādo no dochira
de o shiharai sare masu ka?

en efectivo | con tarjeta　現金 | クレジットカード
genkin | kurejittokādo

¿Quiere el recibo?　レシートはお入り用ですか？
reshīto ha oiriyō desu ka ?

Sí, por favor.　お願いします。
onegai shi masu

No, gracias.　いえ、結構です。
ie, kekkō desu

Gracias. ¡Que tenga un buen día!　ありがとうございます。良い一日を！
arigatō gozai masu. yoi ichi nichi wo !

En la ciudad

Perdone, por favor.
すみません、…
sumimasen, …

Busco …
…を探しています
watashi wa … wo sagashi te i masu

el metro
地下鉄
chikatetsu

mi hotel
ホテル
hoteru

el cine
映画館
eiga kan

una parada de taxis
タクシー乗り場
takushī noriba

---

un cajero automático
ATM
ētīemu

una oficina de cambio
両替所
ryōgae sho

un cibercafé
インターネットカフェ
intānetto kafe

la calle …
…通り
… tōri

este lugar
この場所
kono basho

¿Sabe usted dónde está …?
…がどこにあるかご存知ですか？
… ga doko ni aru ka gozonji desu ka ?

¿Cómo se llama esta calle?
この通りの名前は何ですか？
kono michi no namae wa nani desu ka ?

Muestreme dónde estamos ahora.
今どこにいるかを教えて下さい。
ima doko ni iru ka wo oshie te kudasai

¿Puedo llegar a pie?
そこまで歩いて行けますか？
soko made arui
te ike masu ka?

¿Tiene un mapa de la ciudad?
市内地図をお持ちですか？
shinai chizu wo o mochi desu ka ?

¿Cuánto cuesta la entrada?
チケットはいくらですか？
chiketto wa ikura desu ka ?

¿Se pueden hacer fotos aquí?
ここで写真を撮ってもいいですか？
koko de shashin wo totte mo ī desu ka ?

¿Está abierto?
開いていますか？
hirai te i masu ka ?

¿A qué hora abren?   何時に開きますか？
nan ji ni hiraki masu ka ?

¿A qué hora cierran?   何時に閉まりますか？
nan ji ni shimari masu ka ?

Dinero

dinero	お金 okane
efectivo	現金 genkin
billetes	紙幣 shihei
monedas	おつり o tsuri
la cuenta | el cambio | la propina	勘定 ｜ おつり ｜ チップ kanjō | o tsuri | chippu

la tarjeta de crédito	クレジットカード kurejittokādo
la cartera	財布 saifu
comprar	買う kau
pagar	支払う shiharau
la multa	罰金 bakkin
gratis	無料 muryō

¿Dónde puedo comprar …?	…はどこで買えますか？ … wa doko de kae masu ka ?
¿Está el banco abierto ahora?	銀行は今開いていますか？ ginkō wa ima hirai te i masu ka ?
¿A qué hora abre?	いつ開きますか？ itsu hiraki masu ka ?
¿A qué hora cierra?	いつ閉まりますか？ itsu shimari masu ka ?

¿Cuánto cuesta?	いくらですか？ ikura desu ka ?
¿Cuánto cuesta esto?	これはいくらですか？ kore wa ikura desu ka ?
Es muy caro.	高すぎます。 takasugi masu

Perdone, ¿dónde está la caja?	すみません、レジはどこですか？ sumimasen, reji wa doko desu ka ?
La cuenta, por favor.	勘定をお願いします。 kanjō wo onegai shi masu

¿Puedo pagar con tarjeta?	カードで支払いができますか？ kādo de shiharai ga deki masu ka ?
¿Hay un cajero por aquí?	ここにＡＴＭはありますか？ kokoni ētīemu wa ari masu ka ?
Busco un cajero automático.	ＡＴＭを探しています。 ētīemu wo sagashi te i masu

Busco una oficina de cambio.	両替所を探しています。 ryōgae sho wo sagashi te i masu
Quisiera cambiar …	両替をしたいのですが… ryōgae wo shi tai no desu ga…
¿Cuál es el tipo de cambio?	為替レートはいくらですか？ kawase rēto wa ikura desu ka ?
¿Necesita mi pasaporte?	パスポートは必要ですか？ pasupōto ha hituyō desu ka ?

Tiempo

¿Qué hora es?	何時ですか？ nan ji desu ka ?
¿Cuándo?	いつですか？ i tsu desu ka ?
¿A qué hora?	何時にですか？ nan ji ni desu ka ?
ahora | luego | después de …	今 | 1後で | …の後 ima |ato de | … no ato
la una	1時 ichi ji
la una y cuarto	1時 1 5分 ichi ji jyū go fun
la una y medio	1時半 ichi ji han
las dos menos cuarto	1時4 5分 ichi ji yon jyū go fun
una | dos | tres	1 | 2 | 3 ichi | ni | san
cuatro | cinco | seis	4 | 5 | 6 yonn | go |roku
siete | ocho | nueve	7 | 8 | 9 shichi | hachi | kyū
diez | once | doce	1 0 | 1 1 | 1 2 jyū | jyūichi | jyūni
en …	…後 … go
cinco minutos	5分 go fun
diez minutos	1 0分 juppun
quince minutos	1 5分 jyū go fun
veinte minutos	2 0分 nijuppun
media hora	3 0分 sanjuppun
una hora	一時間 ichi jikan
por la mañana	朝に asa ni

por la mañana temprano
早朝
sōchō

esta mañana
今朝
kesa

mañana por la mañana
明日の朝
ashita no asa

al mediodía
ランチのときに
ranchi no toki ni

por la tarde
午後に
gogo ni

por la noche
夕方
yūgata

esta noche
今夜
konya

por la noche
夜
yoru

ayer
昨日
kinō

hoy
今日
kyō

mañana
明日
ashita

pasado mañana
あさって
asatte

¿Qué día es hoy?
今日は何曜日ですか？
kyō wa nan yōbi desu ka ?

Es …
…です
… desu

lunes
月曜日
getsuyōbi

martes
火曜日
kayōbi

miércoles
水曜日
suiyōbi

jueves
木曜日
mokuyōbi

viernes
金曜日
kinyōbi

sábado
土曜日
doyōbi

domingo
日曜日
nichiyōbi

Saludos. Presentaciones.

Hola.
こんにちは。
konnichiwa

Encantado /Encantada/ de conocerle.
お会いできて嬉しいです。
o aideki te ureshī desu

Yo también.
こちらこそ。
kochira koso

Le presento a …
…さんに会わせていただきたいのですが
… san ni awasete itadaki tai no desu ga

Encantado.
初めまして。
hajime mashite

¿Cómo está?
お元気ですか？
o genki desu ka ?

Me llamo …
私の名前は…です
watashi no namae wa … desu

Se llama …
彼の名前は…です
kare no namae wa … desu

Se llama …
彼女の名前は…です
kanojo no namae wa … desu

¿Cómo se llama (usted)?
お名前は何ですか？
o namae wa nan desu ka ?

¿Cómo se llama (él)?
彼の名前は何ですか？
kare no namae wa nan desu ka ?

¿Cómo se llama (ella)?
彼女の名前は何ですか？
kanojo no namae wa nan desu ka ?

¿Cuál es su apellido?
苗字は何ですか？
myōji wa nan desu ka ?

Puede llamarme …
…と呼んで下さい
… to yon de kudasai

¿De dónde es usted?
ご出身はどちらですか？
go shusshin wa dochira desu ka ?

Yo soy de ….
…の出身です
… no shusshin desu

¿A qué se dedica?
お仕事は何をされていますか？
o shigoto wa nani wo sare te i masu ka ?

¿Quién es?
誰ですか？
dare desu ka ?

¿Quién es él?
彼は誰ですか？
kare wa dare desu ka ?

¿Quién es ella?
彼女は誰ですか？
kanojo wa dare desu ka ?

¿Quiénes son?
彼らは誰ですか？
karera wa dare desu ka ?

Este es ...	こちらは… kochira wa ...
mi amigo	私の友達です watashi no tomodachi desu
mi amiga	私の友達です watashi no tomodachi desu
mi marido	私の主人です watashi no shujin desu
mi mujer	私の妻です watashi no tsuma desu
mi padre	私の父です watashi no chichi desu
mi madre	私の母です watashi no haha desu
mi hermano	私の兄です watashi no ani desu
mi hermana	私の妹です watashi no imōto desu
mi hijo	私の息子です watashi no musuko desu
mi hija	私の娘です watashi no musume desu
Este es nuestro hijo.	私たちの息子です。 watashi tachi no musuko desu
Esta es nuestra hija.	私たちの娘です。 watashi tachi no musume desu
Estos son mis hijos.	私の子供です。 watashi no kodomo desu
Estos son nuestros hijos.	私たちの子供です。 watashi tachi no kodomo desu

Despedidas

¡Adiós!
さようなら！
sayōnara !

¡Chau!
じゃあね！
jā ne !

Hasta mañana.
また明日。
mata ashita

Hasta pronto.
またね。
mata ne

Te veo a las siete.
7時に会おう。
shichi ji ni ao u

¡Que se diviertan!
楽しんでね！
tanoshin de ne !

Hablamos más tarde.
じゃあ後で。
jā atode

Que tengas un buen fin de semana.
良い週末を。
yoi shūmatsu wo

Buenas noches.
お休みなさい。
o yasuminasai

Es hora de irme.
もう時間です。
mō jikan desu

Tengo que irme.
もう行かなければなりません。
mō ika nakere ba nari masen

Ahora vuelvo.
すぐ戻ります。
sugu modori masu

Es tarde.
もう遅いです。
mō osoi desu

Tengo que levantarme temprano.
早く起きなければいけません。
hayaku oki nakere ba ike masen

Me voy mañana.
明日出発します。
ashita shuppatsu shi masu

Nos vamos mañana.
私たちは明日出発します。
watashi tachi wa ashita shuppatsu shi masu

¡Que tenga un buen viaje!
旅行を楽しんで下さい！
ryokō wo tanoshin de kudasai !

Ha sido un placer.
お会いできて嬉しかったです。
o shiriai ni nare te uresikatta desu

Fue un placer hablar con usted.
お話できて良かったです。
ohanashi deki te yokatta desu

Gracias por todo.   色々とありがとうございました。
                      iroiro to arigatō gozai mashi ta

Lo he pasado muy bien.   とても楽しかったです。
                      totemo tanoshikatta desu

Lo pasamos muy bien.   とても楽しかったです。
                      totemo tanoshikatta desu

Fue genial.   とても楽しかった。
                      totemo tanoshikatta

Le voy a echar de menos.   寂しくなります。
                      sabishiku nari masu

Le vamos a echar de menos.   寂しくなります。
                      sabishiku nari masu

¡Suerte!   幸運を祈るよ！
                      kōun wo inoru yo !

Saludos a …   …に宜しくお伝え下さい。
                      … ni yoroshiku otsutae kudasai

Idioma extranjero

No entiendo.
分かりません。
wakari masen

Escríbalo, por favor.
それを書いて頂けますか？
sore wo kai te itadake masu ka ?

¿Habla usted ...?
…語で話せますか？
… go de hanase masu ka ?

Hablo un poco de ...
…を少し話せます
…wo sukoshi hanase masu

inglés
英語
eigo

turco
トルコ語
toruko go

árabe
アラビア語
arabia go

francés
フランス語
furansu go

alemán
ドイツ語
doitsu go

italiano
イタリア語
itaria go

español
スペイン語
supein go

portugués
ポルトガル語
porutogaru go

chino
中国語
chūgoku go

japonés
日本語
nihon go

¿Puede repetirlo, por favor?
もう一度言っていただけますか。
mōichido itte itadake masuka

Lo entiendo.
分かりました。
wakari mashi ta

No entiendo.
分かりません。
wakari masen

Hable más despacio, por favor.
もう少しゆっくり話して下さい。
mōsukoshi yukkuri hanashi te kudasai

¿Está bien?
これで合っていますか？
kore de atte i masu ka ?

¿Qué es esto? (¿Que significa esto?)
これは何ですか？
kore wa nan desu ka ?

Disculpas

Perdone, por favor.　　　　　　すみませんがお願いします。
　　　　　　　　　　　　　　　sumimasen ga onegai shi masu

Lo siento.　　　　　　　　　　ごめんなさい。
　　　　　　　　　　　　　　　gomennasai

Lo siento mucho.　　　　　　　本当にごめんなさい。
　　　　　　　　　　　　　　　hontōni gomennasai

Perdón, fue culpa mía.　　　　ごめんなさい、私のせいです。
　　　　　　　　　　　　　　　gomennasai, watashi no sei desu

Culpa mía.　　　　　　　　　　私の間違いでした。
　　　　　　　　　　　　　　　watashi no machigai deshi ta

¿Puedo ...?　　　　　　　　　…してもいいですか？
　　　　　　　　　　　　　　　… shi te mo ī desu ka ?

¿Le molesta si ...?　　　　　　…してもよろしいですか？
　　　　　　　　　　　　　　　… shi te mo yoroshī desu ka ?

¡No hay problema! (No pasa nada.)　構いません。
　　　　　　　　　　　　　　　kamai masen

Todo está bien.　　　　　　　大丈夫です。
　　　　　　　　　　　　　　　daijōbu desu

No se preocupe.　　　　　　　それについては心配しないで下さい。
　　　　　　　　　　　　　　　sore ni tuitewa shinpai shi nai
　　　　　　　　　　　　　　　de kudasai

Acuerdos

Sí.	はい。 hai
Sí, claro.	はい、もちろん。 hai, mochiron
Bien.	わかりました。 wakari mashi ta
Muy bien.	いいですよ。 ī desuyo
¡Claro que sí!	もちろん！ mochiron！
Estoy de acuerdo.	賛成です。 sansei desu
Es verdad.	それは正しい。 sore wa tadashī
Es correcto.	それは正しい。 sore wa tadashī
Tiene razón.	あなたは合っています。 anata wa atte imasu
No me molesta.	気にしていません。 kinisite imasen
Es completamente cierto.	完全に正しいです。 kanzen ni tadashī desu
Es posible.	それは可能です。 sore wa kanō desu
Es una buena idea.	それはいい考えです。 sore wa ī kangae desu
No puedo decir que no.	断ることができません。 kotowaru koto ga deki masen
Estaré encantado /encantada/.	喜んで。 yorokon de
Será un placer.	喜んで。 yorokon de

Rechazo. Expresar duda

No.
いいえ。
īe

Claro que no.
もちろん、違います。
mochiron, chigai masu

No estoy de acuerdo.
賛成できません。
sansei deki masen

No lo creo.
そうは思いません。
sō wa omoi masen

No es verdad.
それは事実ではありません。
sore wa jijitsu de wa ari masen

No tiene razón.
あなたは間違っています。
anata wa machigatte i masu

Creo que no tiene razón.
あなたは間違っていると思います。
anata wa machigatte iru to omoi masu

No estoy seguro /segura/.
わかりません。
wakari masen

No es posible.
それは不可能です。
sore wa fukanō desu

¡Nada de eso!
まさか！
masaka！

Justo lo contrario.
全く反対です。
mattaku hantai desu

Estoy en contra de ello.
反対です。
hantai desu

No me importa. (Me da igual.)
構いません。
kamai masen

No tengo ni idea.
全く分かりません。
mattaku wakari masen

Dudo que sea así.
それはどうでしょう。
sore wa dō desyō

Lo siento, no puedo.
申し訳ありませんが、できません。
mōshiwake arimasenga, deki masen

Lo siento, no quiero.
申し訳ありませんが、遠慮させて
いただきたいのです。
mōshiwake arimasenga,ennryosasete
itadakitai no desu

Gracias, pero no lo necesito.
ありがとうございます。でもそれは
必要ではありません。
arigatō gozai masu. demo sore wa
hitsuyō de wa ari masen

Ya es tarde.

もう遅いです。
mō osoi desu

Tengo que levantarme temprano.

早く起きなければいけません。
hayaku oki nakere ba ike masen

Me encuentro mal.

気分が悪いのです。
kibun ga warui nodesu

Expresar gratitud

Gracias.
ありがとうございます。
arigatō gozai masu

Muchas gracias.
どうもありがとうございます。
dōmo arigatō gozai masu

De verdad lo aprecio.
本当に感謝しています。
hontōni kansha shi te i masu

Se lo agradezco.
あなたに本当に感謝しています。
anata ni hontōni kansha shi te i masu

Se lo agradecemos.
私たちはあなたに本当に
感謝しています。
watashi tachi wa anata ni hontōni
kansha shi te i masu

Gracias por su tiempo.
お時間を頂きましてありがとう
ございました。
o jikan wo itadaki mashi te arigatō
gozai mashi ta

Gracias por todo.
何もかもありがとうございました。
nanimokamo arigatō gozai mashi ta

Gracias por ...
…をありがとうございます
... wo arigatō gozai masu

su ayuda
助けて頂いて
tasuke te itadai te

tan agradable momento
すばらしい時間
subarashī jikan

una comida estupenda
素敵なお料理
suteki na o ryōri

una velada tan agradable
楽しい夜
tanoshī yoru

un día maravilloso
素晴らしい 1日
subarashī ichinichi

un viaje increíble
楽しい旅
tanoshī tabi

No hay de qué.
どういたしまして。
dōitashimashite

De nada.
どういたしまして。
dōitashimashite

Siempre a su disposición.
いつでもどうぞ。
itsu demo dōzo

Encantado /Encantada/ de ayudarle.
どういたしまして。
dōitashimashite

No hay de qué.

忘れて下さい。
wasure te kudasai

No tiene importancia.

心配しないで下さい。
shinpai shi nai de kudasai

Felicitaciones , Mejores Deseos

¡Felicidades!   おめでとうございます！
omedetō gozai masu！

¡Feliz Cumpleaños!   お誕生日おめでとうございます！
o tanjō bi omedetō gozai masu！

¡Feliz Navidad!   メリークリスマス！
merīkurisumasu！

¡Feliz Año Nuevo!   新年明けましておめでとう
ございます！
shinnen ake mashi te omedetō
gozai masu！

¡Felices Pascuas!   イースターおめでとうございます！
īsutā omedetō gozai masu！

¡Feliz Hanukkah!   ハヌカおめでとうございます！
hanuka omedetō gozai masu！

Quiero brindar.   乾杯をあげたいです。
kanpai wo age tai desu

¡Salud!   乾杯！
kanpai！

¡Brindemos por …!   …のために乾杯しましょう！
… no tame ni kanpai shi masho u！

¡A nuestro éxito!   我々の成功のために！
wareware no seikō no tame ni！

¡A su éxito!   あなたの成功のために！
anata no seikō no tame ni！

¡Suerte!   幸運を祈るよ！
kōun wo inoru yo！

¡Que tenga un buen día!   良い一日をお過ごし下さい！
yoi ichi nichi wo osugoshi kudasai！

¡Que tenga unas buenas vacaciones!   良い休日をお過ごし下さい！
yoi kyūjitsu wo osugoshi kudasai！

¡Que tenga un buen viaje!   道中ご無事で！
dōtyū gobujide！

¡Espero que se recupere pronto!   早く良くなるといいですね！
hayaku yoku naru to ī desu ne！

Socializarse

¿Por qué está triste?	なぜ悲しいのですか？ naze kanashī no desu ka ?
¡Sonría! ¡Animese!	笑って！ 元気を出してください！ waratte ! genki wo dashite kudasai !
¿Está libre esta noche?	今夜あいていますか？ konya ai te i masu ka ?

¿Puedo ofrecerle algo de beber?	何か飲みますか？ nani ka nomi masu ka ?
¿Querría bailar conmigo?	踊りませんか？ odori masen ka ?
Vamos a ir al cine.	映画に行きましょう。 eiga ni iki masho u

¿Puedo invitarle a …?	…へ誘ってもいいですか？ … e sasotte mo ī desu ka ?
un restaurante	レストラン resutoran
el cine	映画 eiga
el teatro	劇場 gekijō
dar una vuelta	散歩 sanpo

¿A qué hora?	何時に？ nan ji ni ?
esta noche	今晩 konban
a las seis	6時 roku ji
a las siete	7時 shichi ji
a las ocho	8時 hachi ji
a las nueve	9時 kyū ji

¿Le gusta este lugar?	ここが好きですか？ koko ga suki desu ka ?
¿Está aquí con alguien?	ここで誰かと一緒ですか？ koko de dare ka to issyodesu ka ?
Estoy con mi amigo /amiga/.	友達と一緒です。 tomodachi to issho desu

Estoy con amigos.	友人たちと一緒です。 yūjin tachi to issho desu
No, estoy solo /sola/.	いいえ、一人です。 īe, hitori desu

¿Tienes novio?	彼氏いるの？ kareshi iru no ?
Tengo novio.	私は彼氏がいます。 watashi wa kareshi ga i masu
¿Tienes novia?	彼女いるの？ kanojo iru no ?
Tengo novia.	私は彼女がいます。 watashi wa kanojo ga i masu

¿Te puedo volver a ver?	また会えるかな？ mata aeru ka na ?
¿Te puedo llamar?	電話してもいい？ denwa shi te mo ī ?
Llámame.	電話してね。 denwa shi te ne
¿Cuál es tu número?	電話番号は？ denwa bangō wa ?
Te echo de menos.	寂しくなるよ。 sabishiku naru yo

¡Qué nombre tan bonito!	綺麗なお名前ですね。 kirei na o namae desu ne
Te quiero.	愛しているよ。 aishi te iru yo
¿Te casarías conmigo?	結婚しようか kekkon shiyo u ka
¡Está de broma!	冗談でしょう！ jōdan dessyō!
Sólo estoy bromeando.	冗談だよ。 jōdan da yo

¿En serio?	本気ですか？ honki desuka ?
Lo digo en serio.	本気です。 honki desu
¿De verdad?	本当ですか？！ hontō desu ka ?!
¡Es increíble!	信じられません！ shinjirare masen !
No le creo.	あなたは信じられません。 anata wa shinzirare masen
No puedo.	私にはできません。 watashi ni wa deki masen
No lo sé.	わかりません。 wakari masen
No le entiendo.	おっしゃることが分かりません。 ossharu koto ga wakari masen

Váyase, por favor.

出ていって下さい。
de te itte kudasai

¡Déjeme en paz!

ほっといて下さい！
hottoi te kudasai !

Es inaguantable.

彼には耐えられない。
kare ni wa taerare nai

¡Es un asqueroso!

いやな人ですね！
iyana hito desu ne !

¡Llamaré a la policía!

警察を呼びますよ！
keisatsu wo yobi masuyo !

Compartir impresiones. Emociones

Me gusta.
これが好きです。
kore ga suki desu

Muy lindo.
とても素晴らしい。
totemo subarashī

¡Es genial!
それはすばらしいです！
sore wa subarashī desu !

No está mal.
それは悪くはないです。
sore wa waruku wa nai desu

No me gusta.
それが好きではありません。
sore ga suki de wa ari masen

No está bien.
それはよくないです。
sore wa yoku nai desu

Está mal.
それはひどいです。
sore wa hidoi desu

Está muy mal.
それはとてもひどいです。
sore wa totemo hidoi desu

¡Qué asco!
それは最悪です。
sore wa saiaku desu

Estoy feliz.
幸せです。
shiawase desu

Estoy contento /contenta/.
満足しています。
manzoku shi te i masu

Estoy enamorado /enamorada/.
好きな人がいます。
suki na hito ga i masu

Estoy tranquilo.
冷静です。
reisei desu

Estoy aburrido.
退屈です。
taikutsu desu

Estoy cansado /cansada/.
疲れています。
tsukare te i masu

Estoy triste.
悲しいです。
kanashī desu

Estoy asustado.
怖いです。
kowai desu

Estoy enfadado /enfadada/.
腹が立ちます。
haraga tachi masu

Estoy preocupado /preocupada/.
心配しています。
shinpai shi te i masu

Estoy nervioso /nerviosa/.
緊張しています。
kinchō shi te i masu

Estoy celoso /celosa/.

嫉妬しています。
shitto shi te i masu

Estoy sorprendido /sorprendida/.

驚いています。
odoroi te i masu

Estoy perplejo /perpleja/.

恥ずかしいです。
hazukashī desu

Problemas, Accidentes

Tengo un problema.	困っています。 komatte imasu
Tenemos un problema.	困っています。 komatte imasu
Estoy perdido /perdida/.	道に迷いました。 michi ni mayoi mashi ta
Perdí el último autobús (tren).	最終バス（電車）を逃しました。 saishūbasu (densha) wo nogashi mashi ta
No me queda más dinero.	もうお金がありません。 mō okane ga ari masen

He perdido …	…を失くしました … wo nakushi mashi ta
Me han robado …	…を盗まれました … wo nusumare mashi ta
mi pasaporte	パスポート pasupōto
mi cartera	財布 saifu
mis papeles	書類 shorui
mi billete	切符 kippu

mi dinero	お金 okane
mi bolso	ハンドバック handobakku
mi cámara	カメラ kamera
mi portátil	ノートパソコン nōto pasokon
mi tableta	タブレット型コンピューター taburetto gata konpyūtā
mi teléfono	携帯電話 keitai denwa

¡Ayúdeme!	助けて下さい！ tasuke te kudasai !
¿Qué pasó?	どうしましたか？ dō shi mashi ta ka ?

el incendio	火災 kasai
un tiroteo	発砲 happō
el asesinato	殺人 satsujin
una explosión	爆発 bakuhatsu
una pelea	けんか kenka

¡Llame a la policía!	警察を呼んで下さい！ keisatsu wo yon de kudasai !
¡Más rápido, por favor!	急いで下さい！ isoi de kudasai !
Busco la comisaría.	警察署を探しています。 keisatsu sho wo sagashi te imasu
Tengo que hacer una llamada.	電話をしなければなりません。 denwa wo shi nakere ba nari masen
¿Puedo usar su teléfono?	お電話をお借りしても良いですか？ o denwa wo o karishi te mo ī desu ka ?

Me han ...	…されました … sare mashi ta
asaltado /asaltada/	強盗 gōtō
robado /robada/	盗まれる nusumareru
violada	レイプ reipu
atacado /atacada/	暴行される bōkō sareru

¿Se encuentra bien?	大丈夫ですか？ daijōbu desu ka ?
¿Ha visto quien a sido?	誰が犯人か見ましたか？ dare ga hanninn ka mi mashi ta ka ?
¿Sería capaz de reconocer a la persona?	その人がどんな人か 分かりますか？ sono hito ga donna hito ka wakari masu ka?
¿Está usted seguro?	本当に大丈夫ですか？ hontōni daijōbu desu ka ?

Por favor, cálmese.	落ち着いて下さい。 ochitsui te kudasai
¡Cálmese!	気楽に！ kiraku ni !
¡No se preocupe!	心配しないで！ shinpai shi nai de !
Todo irá bien.	大丈夫ですから。 daijōbu desu kara

Todo está bien.

大丈夫ですから。
daijōbu desu kara

Venga aquí, por favor.

こちらに来て下さい。
kochira ni ki te kudasai

Tengo unas preguntas para usted.

いくつかお伺いしたいことがあります。
ikutuka o ukagai shi tai koto ga ari masu

Espere un momento, por favor.

少しお待ち下さい。
sukoshi omachi kudasai

¿Tiene un documento de identidad?

身分証明書はお持ちですか？
mibun shōmei sho wa o mochi desu ka ?

Gracias. Puede irse ahora.

ありがとうございます。もう
行っていいですよ。
arigatō gozai masu. mō
itte ī desuyo

¡Manos detrás de la cabeza!

両手を頭の後ろで組みなさい！
ryōute wo atama
no ushiro de kuminasai !

¡Está arrestado!

逮捕します
taiho shi masu

Problemas de salud

Ayudeme, por favor.
助けて下さい。
tasuke te kudasai

No me encuentro bien.
気分が悪いのです。
kibun ga warui nodesu

Mi marido no se encuentra bien.
主人の具合が悪いのです。
shujin no guai ga warui no desu

Mi hijo …
息子の…
musuko no …

Mi padre …
父の…
chichi no …

Mi mujer no se encuentra bien.
妻の具合が悪いのです。
tsuma no guai ga warui no desu

Mi hija …
娘の…
musume no …

Mi madre …
母の…
haha no …

Me duele …
…がします
… ga shi masu

la cabeza
頭痛
zutsū

la garganta
喉が痛い
nodo ga itai

el estómago
腹痛
fukutsū

un diente
歯痛
shitsū

Estoy mareado.
めまいがします。
memai ga shi masu

Él tiene fiebre.
彼は熱があります。
kare wa netsu ga ari masu

Ella tiene fiebre.
彼女は熱があります。
kanojo wa netsu ga ari masu

No puedo respirar.
息ができません。
iki ga deki masen

Me ahogo.
息切れがします。
ikigire ga shi masu

Tengo asma.
喘息です。
zensoku desu

Tengo diabetes.
糖尿病です。
tōnyō byō desu

No puedo dormir.　不眠症です。
huminsyō desu

intoxicación alimentaria　食中毒
shokuchūdoku

Me duele aquí.　ここが痛いです。
koko ga itai desu

¡Ayúdeme!　助けて下さい！
tasuke te kudasai !

¡Estoy aquí!　ここにいます！
koko ni i masu !

¡Estamos aquí!　私たちはここにいます！
watashi tachi wa koko ni i masu !

¡Saquenme de aquí!　ここから出して下さい！
koko kara dashi te kudasai !

Necesito un médico.　医者に診せる必要があります。
isha ni miseru hituyō ga arimasu

No me puedo mover.　動けません！
ugoke masen !

No puedo mover mis piernas.　足が動きません。
ashi ga ugoki masen

Tengo una herida.　傷があります。
kizu ga ari masu

¿Es grave?　それは重傷ですか？
sore wa jūsyō desu ka ?

Mis documentos están en mi bolsillo.　私に関する書類はポケットに入っています。
watashi nikansuru shorui wa poketto ni haitte i masu

¡Cálmese!　落ち着いて下さい！
ochitsui te kudasai !

¿Puedo usar su teléfono?　お電話をお借りしても良いですか？
o denwa wo o karishi te mo ī desu ka ?

¡Llame a una ambulancia!　救急車を呼んで下さい！
kyūkyū sha wo yon de kudasai !

¡Es urgente!　緊急です！
kinkyū desu !

¡Es una emergencia!　緊急です！
kinkyū desu !

¡Más rápido, por favor!　急いで下さい！
isoi de kudasai !

¿Puede llamar a un médico, por favor?　医者を呼んでいただけますか？
isha wo yon de itadake masu ka ?

¿Dónde está el hospital?　病院はどこですか？
byōin wa doko desu ka ?

¿Cómo se siente?　ご気分はいかがですか？
gokibun wa ikaga desu ka ?

¿Se encuentra bien?　大丈夫ですか？
daijōbu desu ka ?

¿Qué pasó?	どうしましたか？ dō shi mashi ta ka ?
Me encuentro mejor.	もう気分が良くなりました。 mō kibun ga yoku narimashita
Está bien.	大丈夫です。 daijōbu desu
Todo está bien.	大丈夫です。 daijōbu desu

En la farmacia

la farmacia	薬局 yakkyoku
la farmacia 24 horas	２４時間営業の薬局 nijyū yo jikan eigyō no yakkyoku
¿Dónde está la farmacia más cercana?	一番近くの薬局はどこですか？ ichiban chikaku no yakkyoku wa doko desu ka?
¿Está abierta ahora?	今開いていますか？ ima ai te i masu ka ?
¿A qué hora abre?	何時に開きますか？ nan ji ni aki masu ka ?
¿A qué hora cierra?	何時に閉まりますか？ nan ji ni shimari masu ka ?
¿Está lejos?	遠いですか？ tōi desu ka ?
¿Puedo llegar a pie?	そこまで歩いて行けますか？ soko made arui te ike masu ka ?
¿Puede mostrarme en el mapa?	地図で教えて頂けますか？ chizu de oshie te itadake masu ka ?
Por favor, deme algo para …	何か…に効くものを下さい nani ka … ni kiku mono wo kudasai
un dolor de cabeza	頭痛 zutsū
la tos	咳 seki
el resfriado	風邪 kaze
la gripe	インフルエンザ infuruenza
la fiebre	発熱 hatsunetsu
un dolor de estomago	胃痛 itsū
nauseas	吐き気 hakike
la diarrea	下痢 geri
el estreñimiento	便秘 benpi

un dolor de espalda	腰痛 yōtsū
un dolor de pecho	胸痛 kyōtsū
el flato	脇腹の痛み wakibara no itami
un dolor abdominal	腹痛 fukutsū

la píldora	薬 kusuri
la crema	軟膏、クリーム nankō, kurīmu
el jarabe	シロップ shiroppu
el spray	スプレー supurē
las gotas	目薬 megusuri

Tiene que ir al hospital.	病院に行かなくてはなりません。 byōin ni ika naku te wa nari masen
el seguro de salud	健康保険 kenkō hoken
la receta	処方箋 shohōsen
el repelente de insectos	虫除け mushiyoke
la curita	絆創膏 bansōkō

Lo más imprescindible

Perdone, …	すみません、…
	sumimasen, …
Hola.	こんにちは。
	konnichiwa
Gracias.	ありがとうございます。
	arigatō gozai masu

Sí.	はい。
	hai
No.	いいえ。
	īe
No lo sé.	わかりません。
	wakari masen
¿Dónde? | ¿A dónde? | ¿Cuándo?	どこ？ | どこへ？ | いつ？
	doko ? | doko e ? | i tsu ?

Necesito …	…が必要です
	… ga hitsuyō desu
Quiero …	したいです
	shi tai desu
¿Tiene …?	…をお持ちですか？
	… wo o mochi desu ka ?
¿Hay … por aquí?	ここには…がありますか？
	koko ni wa … ga ari masu ka ?
¿Puedo …?	…してもいいですか？
	… shi te mo ī desu ka ?
…, por favor? (petición educada)	お願いします。
	onegai shi masu

Busco …	…を探しています
	… wo sagashi te i masu
el servicio	トイレ
	toire
un cajero automático	ATM
	ētīemu
una farmacia	薬局
	yakkyoku
el hospital	病院
	byōin

la comisaría	警察
	keisatsu
el metro	地下鉄
	chikatetsu

un taxi	タクシー takushī
la estación de tren	駅 eki

Me llamo …	私は…と申します watashi wa … to mōshi masu
¿Cómo se llama?	お名前は何ですか？ o namae wa nan desu ka ?
¿Puede ayudarme, por favor?	助けていただけますか？ tasuke te itadake masu ka ?
Tengo un problema.	困ったことがあります。 komatta koto ga arimasu
Me encuentro mal.	気分が悪いのです。 kibun ga warui nodesu
¡Llame a una ambulancia!	救急車を呼んで下さい！ kyūkyū sha wo yon de kudasai !
¿Puedo llamar, por favor?	電話をしてもいいですか？ denwa wo shi te mo ī desu ka ?

Lo siento.	ごめんなさい。 gomennasai
De nada.	どういたしまして。 dōitashimashite

Yo	私 watashi
tú	君 kimi
él	彼 kare
ella	彼女 kanojo
ellos	彼ら karera
ellas	彼女たち kanojotachi
nosotros /nosotras/	私たち watashi tachi
ustedes, vosotros	君たち kimi tachi
usted	あなた anata

ENTRADA	入り口 iriguchi
SALIDA	出口 deguchi
FUERA DE SERVICIO	故障中 koshō chū
CERRADO	休業中 kyūgyō chū

ABIERTO	営業中 eigyō chū
PARA SEÑORAS	女性用 josei yō
PARA CABALLEROS	男性用 dansei yō

T&P BOOKS

DICCIONARIO CONCISO

Esta sección contiene más
de 1.500 palabras útiles.
El diccionario incluye muchos
términos gastronómicos
y será de gran ayuda para
pedir alimentos en un
restaurante o comprando
comestibles en la tienda

T&P Books Publishing

CONTENIDO DEL DICCIONARIO

T&P Books Publishing

tiempo (m)	時間	jikan
hora (f)	時間	jikan
media hora (f)	30分	san jū fun
minuto (m)	分	fun, pun
segundo (m)	秒	byō

hoy (adv)	今日	kyō
mañana (adv)	明日	ashita
ayer (adv)	昨日	kinō

lunes (m)	月曜日	getsuyōbi
martes (m)	火曜日	kayōbi
miércoles (m)	水曜日	suiyōbi
jueves (m)	木曜日	mokuyōbi
viernes (m)	金曜日	kinyōbi
sábado (m)	土曜日	doyōbi
domingo (m)	日曜日	nichiyōbi

día (m)	日	nichi
día (m) de trabajo	営業日	eigyōbi
día (m) de fiesta	公休	kōkyū
fin (m) de semana	週末	shūmatsu

semana (f)	週	shū
semana (f) pasada	先週	senshū
semana (f) que viene	来週	raishū

| salida (f) del sol | 日の出 | hinode |
| puesta (f) del sol | 夕日 | yūhi |

por la mañana	朝に	asa ni
por la tarde	午後に	gogo ni
por la noche	夕方に	yūgata ni
esta noche (p.ej. 8:00 p.m.)	今夜	konya
por la noche	夜に	yoru ni
medianoche (f)	真夜中	mayonaka

enero (m)	一月	ichigatsu
febrero (m)	二月	nigatsu
marzo (m)	三月	sangatsu
abril (m)	四月	shigatsu
mayo (m)	五月	gogatsu
junio (m)	六月	rokugatsu
julio (m)	七月	shichigatsu

agosto (m)	八月	hachigatsu
septiembre (m)	九月	kugatsu
octubre (m)	十月	jūgatsu
noviembre (m)	十一月	jūichigatsu
diciembre (m)	十二月	jūnigatsu
en primavera	春に	haru ni
en verano	夏に	natsu ni
en otoño	秋に	aki ni
en invierno	冬に	fuyu ni
mes (m)	月	tsuki
estación (f)	季節	kisetsu
año (m)	年	nen
siglo (m)	世紀	seiki

2. Números. Los numerales

cifra (f)	桁数	keta sū
número (m) (~ cardinal)	数字	sūji
menos (m)	負号	fugō
más (m)	正符号	sei fugō
suma (f)	合計	gōkei
primero (adj)	第一の	dai ichi no
segundo (adj)	第二の	dai ni no
tercero (adj)	第三の	dai san no
cero	ゼロ	zero
uno	一	ichi
dos	二	ni
tres	三	san
cuatro	四	yon
cinco	五	go
seis	六	roku
siete	七	nana
ocho	八	hachi
nueve	九	kyū
diez	十	jū
once	十一	jū ichi
doce	十二	jū ni
trece	十三	jū san
catorce	十四	jū yon
quince	十五	jū go
dieciséis	十六	jū roku
diecisiete	十七	jū shichi
dieciocho	十八	jū hachi

diecinueve	十九	jū kyū
veinte	二十	ni jū
treinta	三十	san jū
cuarenta	四十	yon jū
cincuenta	五十	go jū
sesenta	六十	roku jū
setenta	七十	nana jū
ochenta	八十	hachi jū
noventa	九十	kyū jū
cien	百	hyaku
doscientos	二百	ni hyaku
trescientos	三百	san byaku
cuatrocientos	四百	yon hyaku
quinientos	五百	go hyaku
seiscientos	六百	roppyaku
setecientos	七百	nana hyaku
ochocientos	八百	happyaku
novecientos	九百	kyū hyaku
mil	千	sen
diez mil	一万	ichiman
cien mil	10万	jyūman
millón (m)	百万	hyakuman
mil millones	十億	jūoku

3. El ser humano. Los familiares

hombre (m) (varón)	男性	dansei
joven (m)	若者	wakamono
adolescente (m)	ティーンエージャー	tīnējā
mujer (f)	女性	josei
muchacha (f)	少女	shōjo
edad (f)	年齢	nenrei
adulto	大人	otona
de edad media (adj)	中年の	chūnen no
anciano, mayor (adj)	年配の	nenpai no
viejo (adj)	老いた	oi ta
anciano (m)	老人	rōjin
anciana (f)	老婦人	rō fujin
jubilación (f)	退職	taishoku
jubilarse	退職する	taishoku suru
jubilado (m)	退職者	taishoku sha
madre (f)	母親	hahaoya
padre (m)	父親	chichioya
hijo (m)	息子	musuko

hija (f)	娘	musume
hermano (m)	兄、弟、兄弟	ani, otōto, kyoōdai
hermano (m) mayor	兄	ani
hermano (m) menor	弟	otōto
hermana (f)	姉、妹、姉妹	ane, imōto, shimai
hermana (f) mayor	姉	ane
hermana (f) menor	妹	imōto
padres (pl)	親	oya
niño -a (m, f)	子供	kodomo
niños (pl)	子供	kodomo
madrastra (f)	継母	keibo
padrastro (m)	継父	keifu
abuela (f)	祖母	sobo
abuelo (m)	祖父	sofu
nieto (m)	孫息子	mago musuko
nieta (f)	孫娘	mago musume
nietos (pl)	孫	mago
tío (m)	伯父	oji
tía (f)	伯母	oba
sobrino (m)	甥	oi
sobrina (f)	姪	mei
mujer (f)	妻	tsuma
marido (m)	夫	otto
casado (adj)	既婚の	kikon no
casada (adj)	既婚の	kikon no
viuda (f)	未亡人	mibōjin
viudo (m)	男やもめ	otokoyamome
nombre (m)	名前	namae
apellido (m)	姓	sei
pariente (m)	親戚	shinseki
amigo (m)	友達	tomodachi
amistad (f)	友情	yūjō
compañero (m)	パートナー	pātonā
superior (m)	上司、上役	jōshi, uwayaku
colega (m, f)	同僚	dōryō
vecinos (pl)	隣人	rinjin

4. El cuerpo. La anatomía humana

organismo (m)	人体	jintai
cuerpo (m)	身体	shintai
corazón (m)	心臓	shinzō
sangre (f)	血液	ketsueki

cerebro (m)	脳	nō
nervio (m)	神経	shinkei
hueso (m)	骨	hone
esqueleto (m)	骸骨	gaikotsu
columna (f) vertebral	背骨	sebone
costilla (f)	肋骨	rokkotsu
cráneo (m)	頭蓋骨	zugaikotsu
músculo (m)	筋肉	kinniku
pulmones (m pl)	肺	hai
piel (f)	肌	hada
cabeza (f)	頭	atama
cara (f)	顔	kao
nariz (f)	鼻	hana
frente (f)	額	hitai
mejilla (f)	頬	hō
boca (f)	口	kuchi
lengua (f)	舌	shita
diente (m)	歯	ha
labios (m pl)	唇	kuchibiru
mentón (m)	あご（頤）	ago
oreja (f)	耳	mimi
cuello (m)	首	kubi
garganta (f)	喉	nodo
ojo (m)	眼	me
pupila (f)	瞳	hitomi
ceja (f)	眉	mayu
pestaña (f)	まつげ	matsuge
pelo, cabello (m)	髪の毛	kaminoke
peinado (m)	髪形	kamigata
bigote (m)	口ひげ	kuchihige
barba (f)	あごひげ	agohige
tener (~ la barba)	生やしている	hayashi te iru
calvo (adj)	はげ頭の	hageatama no
mano (f)	手	te
brazo (m)	腕	ude
dedo (m)	指	yubi
uña (f)	爪	tsume
palma (f)	手のひら	tenohira
hombro (m)	肩	kata
pierna (f)	足 ［脚］	ashi
planta (f)	足	ashi
rodilla (f)	膝	hiza
talón (m)	かかと ［踵］	kakato
espalda (f)	背中	senaka

cintura (f), talle (m)	腰	koshi
lunar (m)	美人ぼくろ	bijinbokuro
marca (f) de nacimiento	母斑	bohan

5. La medicina. Las drogas

salud (f)	健康	kenkō
sano (adj)	健康な	kenkō na
enfermedad (f)	病気	byōki
estar enfermo	病気になる	byōki ni naru
enfermo (adj)	病気の	byōki no

resfriado (m)	風邪	kaze
resfriarse (vr)	風邪をひく	kaze wo hiku
angina (f)	狭心症	kyōshinshō
pulmonía (f)	肺炎	haien
gripe (f)	インフルエンザ	infuruenza

resfriado (m) (coriza)	鼻水	hanamizu
tos (f)	咳	seki
toser (vi)	咳をする	seki wo suru
estornudar (vi)	くしゃみをする	kushami wo suru

insulto (m)	脳卒中	nōsocchū
ataque (m) cardiaco	心臓発作	shinzō hossa
alergia (f)	アレルギー	arerugī
asma (f)	ぜんそく［喘息］	zensoku
diabetes (f)	糖尿病	tōnyō byō

tumor (m)	腫瘍	shuyō
cáncer (m)	がん［癌］	gan
alcoholismo (m)	アルコール依存症	arukōru izon shō
SIDA (m)	エイズ	eizu
fiebre (f)	発熱	hatsunetsu
mareo (m)	船酔い	fune yoi

moradura (f)	打ち身	uchimi
chichón (m)	たんこぶ	tankobu
cojear (vi)	足を引きずる	ashi wo hikizuru
dislocación (f)	脱臼	dakkyū
dislocar (vt)	脱臼する	dakkyū suru

fractura (f)	骨折	kossetsu
quemadura (f)	火傷	yakedo
herida (f)	けが［怪我］	kega
dolor (m)	痛み	itami
dolor (m) de muelas	歯痛	shitsū

| sudar (vi) | 汗をかく | ase wo kaku |
| sordo (adj) | ろうの［聾の］ | rō no |

mudo (adj)	口のきけない	kuchi no kike nai
inmunidad (f)	免疫	meneki
virus (m)	ウィルス	wirusu
microbio (m)	細菌	saikin
bacteria (f)	バクテリア	bakuteria
infección (f)	伝染	densen
hospital (m)	病院	byōin
cura (f)	療養	ryōyō
vacunar (vt)	予防接種をする	yobō sesshu wo suru
estar en coma	昏睡状態になる	konsui jōtai ni naru
revitalización (f)	集中治療	shūchū chiryō
síntoma (m)	兆候	chōkō
pulso (m)	脈拍	myakuhaku

6. Los sentimientos. Las emociones

yo	私	watashi
tú	あなた	anata
él	彼	kare
ella	彼女	kanojo
nosotros, -as	私たち	watashi tachi
vosotros, -as	あなたがた	anata ga ta
ellos, ellas	彼らは	karera wa
¡Hola! (fam.)	やあ！	yā!
¡Hola! (form.)	こんにちは！	konnichiwa!
¡Buenos días!	おはよう！	ohayō!
¡Buenas tardes!	こんにちは！	konnichiwa!
¡Buenas noches!	こんばんは！	konbanwa!
decir hola	こんにちはと言う	konnichiwa to iu
saludar (vt)	挨拶する	aisatsu suru
¿Cómo estás?	元気？	genki ?
¿Cómo estáis?	お元気ですか？	wo genki desu ka?
¿Cómo estás?	元気？	genki ?
¡Chau! ¡Adiós!	さようなら！	sayōnara!
¡Hasta la vista! (form.)	さようなら！	sayōnara!
¡Hasta la vista! (fam.)	バイバイ！	baibai!
¡Gracias!	ありがとう！	arigatō!
sentimientos (m pl)	感情	kanjō
tener hambre	腹をすかす	hara wo sukasu
tener sed	喉が渇く	nodo ga kawaku
cansado (adj)	疲れた	tsukare ta
inquietarse (vr)	心配する	shinpai suru
estar nervioso	緊張する	kinchō suru
esperanza (f)	希望	kibō

esperar (tener esperanza)	希望する	kibō suru
carácter (m)	性格	seikaku
modesto (adj)	謙遜な	kenson na
perezoso (adj)	怠惰な	taida na
generoso (adj)	気前のよい	kimae no yoi
talentoso (adj)	才能のある	sainō no aru
honesto (adj)	正直な	shōjiki na
serio (adj)	真剣な	shinken na
tímido (adj)	内気な	uchiki na
sincero (adj)	心からの	kokorokara no
cobarde (m)	臆病者	okubyō mono
dormir (vi)	眠る	nemuru
sueño (m) (dulces ~s)	夢	yume
cama (f)	ベッド、寝台	beddo, shindai
almohada (f)	枕	makura
insomnio (m)	不眠症	fuminshō
irse a la cama	就寝する	shūshin suru
pesadilla (f)	悪夢	akumu
despertador (m)	目覚まし時計	mezamashi dokei
sonrisa (f)	ほほえみ［微笑み］	hohoemi
sonreír (vi)	ほほえむ［微笑む］	hohoemu
reírse (vr)	笑う	warau
disputa (f), riña (f)	口論	kōron
insulto (m)	侮辱	bujoku
ofensa (f)	恨み	urami
enfadado (adj)	怒って	okotte

7. La ropa. Accesorios personales

ropa (f)	洋服	yōfuku
abrigo (m)	オーバーコート	ōbā kōto
abrigo (m) de piel	毛皮のコート	kegawa no kōto
cazadora (f)	ジャケット	jaketto
impermeable (m)	レインコート	reinkōto
camisa (f)	ワイシャツ	waishatsu
pantalones (m pl)	ズボン	zubon
chaqueta (f), saco (m)	ジャケット	jaketto
traje (m)	背広	sebiro
vestido (m)	ドレス	doresu
falda (f)	スカート	sukāto
camiseta (f) (T-shirt)	Tシャツ	tīshatsu
bata (f) de baño	バスローブ	basurōbu
pijama (m)	パジャマ	pajama
ropa (f) de trabajo	作業服	sagyō fuku

ropa (f) interior	下着	shitagi
calcetines (m pl)	靴下	kutsushita
sostén (m)	ブラジャー	burajā
pantimedias (f pl)	パンティストッキング	pantī sutokkingu
medias (f pl)	ストッキング	sutokkingu
traje (m) de baño	水着	mizugi
gorro (m)	帽子	bōshi
calzado (m)	靴	kutsu
botas (f pl) altas	ブーツ	būtsu
tacón (m)	かかと ［踵］	kakato
cordón (m)	靴ひも	kutsu himo
betún (m)	靴クリーム	kutsu kurīmu
algodón (m)	綿	men
lana (f)	羊毛	yōmō
piel (f) (~ de zorro, etc.)	毛皮	kegawa
guantes (m pl)	手袋	tebukuro
manoplas (f pl)	ミトン	miton
bufanda (f)	マフラー	mafurā
gafas (f pl)	めがね ［眼鏡］	megane
paraguas (m)	傘	kasa
corbata (f)	ネクタイ	nekutai
moquero (m)	ハンカチ	hankachi
peine (m)	くし ［櫛］	kushi
cepillo (m) de pelo	ヘアブラシ	hea burashi
hebilla (f)	バックル	bakkuru
cinturón (m)	ベルト	beruto
bolso (m)	ハンドバッグ	hando baggu
cuello (m)	襟	eri
bolsillo (m)	ポケット	poketto
manga (f)	袖	sode
bragueta (f)	ズボンのファスナー	zubon no fasunā
cremallera (f)	チャック	chakku
botón (m)	ボタン	botan
ensuciarse (vr)	汚れる	yogoreru
mancha (f)	染み	shimi

8. La ciudad. Las instituciones urbanas

tienda (f)	店、…屋	mise, …ya
centro (m) comercial	ショッピングモール	shoppingu mōru
supermercado (m)	スーパーマーケット	sūpāmāketto
zapatería (f)	靴屋	kutsuya
librería (f)	本屋	honya
farmacia (f)	薬局	yakkyoku

panadería (f)	パン屋	panya
pastelería (f)	菓子店	kashi ten
tienda (f) de comestibles	食料品店	shokuryō hin ten
carnicería (f)	肉屋	nikuya
verdulería (f)	八百屋	yaoya
mercado (m)	市場	ichiba
peluquería (f)	美容院	biyō in
oficina (f) de correos	郵便局	yūbin kyoku
tintorería (f)	クリーニング屋	kurīningu ya
circo (m)	サーカス	sākasu
zoológico (m)	動物園	dōbutsu en
teatro (m)	劇場	gekijō
cine (m)	映画館	eiga kan
museo (m)	博物館	hakubutsukan
biblioteca (f)	図書館	toshokan
mezquita (f)	モスク	mosuku
sinagoga (f)	シナゴーグ	shinagōgu
catedral (f)	大聖堂	dai seidō
templo (m)	寺院	jīn
iglesia (f)	教会	kyōkai
instituto (m)	大学	daigaku
universidad (f)	大学	daigaku
escuela (f)	学校	gakkō
hotel (m)	ホテル	hoteru
banco (m)	銀行	ginkō
embajada (f)	大使館	taishikan
agencia (f) de viajes	旅行代理店	ryokō dairi ten
metro (m)	地下鉄	chikatetsu
hospital (m)	病院	byōin
gasolinera (f)	ガソリンスタンド	gasorin sutando
aparcamiento (m)	駐車場	chūsha jō
ENTRADA	入口	iriguchi
SALIDA	出口	deguchi
EMPUJAR	押す	osu
TIRAR	引く	hiku
ABIERTO	営業中	eigyō chū
CERRADO	休業日	kyūgyōbi
monumento (m)	記念碑	kinen hi
fortaleza (f)	要塞	yōsai
palacio (m)	宮殿	kyūden
medieval (adj)	中世の	chūsei no
antiguo (adj)	古代の	kodai no
nacional (adj)	国の	kuni no
conocido (adj)	有名な	yūmei na

9. El dinero. Las finanzas

dinero (m)	お金	okane
moneda (f)	コイン	koin
dólar (m)	ドル	doru
euro (m)	ユーロ	yūro
cajero (m) automático	ATM	ētīemu
oficina (f) de cambio	両替所	ryōgae sho
curso (m)	為替レート	kawase rēto
dinero (m) en efectivo	現金	genkin
¿Cuánto?	いくら？	ikura ?
pagar (vi, vt)	払う	harau
pago (m)	支払い	shiharai
cambio (m) (devolver el ~)	おつり	o tsuri
precio (m)	価格	kakaku
descuento (m)	割引	waribiki
barato (adj)	安い	yasui
caro (adj)	高い	takai
banco (m)	銀行	ginkō
cuenta (f)	口座	kōza
tarjeta (f) de crédito	クレジットカード	kurejitto kādo
cheque (m)	小切手	kogitte
sacar un cheque	小切手を書く	kogitte wo kaku
talonario (m)	小切手帳	kogitte chō
deuda (f)	債務	saimu
deudor (m)	債務者	saimu sha
prestar (vt)	貸す	kasu
tomar prestado	借りる	kariru
alquilar (vt)	レンタルする	rentaru suru
a crédito (adv)	付けで	tsuke de
cartera (f)	財布	saifu
caja (f) fuerte	金庫	kinko
herencia (f)	相続	sōzoku
fortuna (f)	財産	zaisan
impuesto (m)	税	zei
multa (f)	罰金	bakkin
multar (vt)	罰金を科す	bakkin wo kasu
al por mayor (adj)	卸売の	oroshiuri no
al por menor (adj)	小売の	kōri no
asegurar (vt)	保険をかける	hoken wo kakeru
seguro (m)	保険	hoken
capital (m)	資本	shihon
volumen (m) de negocio	売上高	uriage daka

acción (f)	株	kabu
beneficio (m)	利益	rieki
beneficioso (adj)	利益のある	rieki no aru
crisis (f)	危機	kiki
bancarrota (f)	破産	hasan
ir a la bancarrota	破産する	hasan suru
contable (m)	会計士	kaikeishi
salario (m)	給料	kyūryō
premio (m)	ボーナス	bōnasu

10. El transporte

autobús (m)	バス	basu
tranvía (m)	路面電車	romen densha
trolebús (m)	トロリーバス	tororībasu
ir en …	…で行く	… de iku
tomar (~ el autobús)	乗る	noru
bajar (~ del tren)	降りる	oriru
parada (f)	停	toma
parada (f) final	終着駅	shūchakueki
horario (m)	時刻表	jikoku hyō
billete (m)	乗車券	jōsha ken
llegar tarde (vi)	遅れる	okureru
taxi (m)	タクシー	takushī
en taxi	タクシーで	takushī de
parada (f) de taxi	タクシー乗り場	takushī noriba
tráfico (m)	交通	kōtsū
horas (f pl) de punta	ラッシュアワー	rasshuawā
aparcar (vi)	駐車する	chūsha suru
metro (m)	地下鉄	chikatetsu
estación (f)	駅	eki
tren (m)	列車	ressha
estación (f)	鉄道駅	tetsudō eki
rieles (m pl)	レール	rēru
compartimiento (m)	コンパートメント	konpātomento
litera (f)	寝台	shindai
avión (m)	航空機	kōkūki
billete (m) de avión	航空券	kōkū ken
compañía (f) aérea	航空会社	kōkū gaisha
aeropuerto (m)	空港	kūkō
vuelo (m)	飛行	hikō
equipaje (m)	荷物	nimotsu

carrito (m) de equipaje	荷物カート	nimotsu kāto
barco, buque (m)	船舶	senpaku
trasatlántico (m)	遠洋定期船	enyō teiki sen
yate (m)	ヨット	yotto
bote (m) de remo	ボート	bōto
capitán (m)	船長	senchō
camarote (m)	船室	senshitsu
puerto (m)	港	minato
bicicleta (f)	自転車	jitensha
scooter (m)	スクーター	sukūtā
motocicleta (f)	オートバイ	ōtobai
pedal (m)	ペダル	pedaru
bomba (f)	ポンプ	ponpu
rueda (f)	車輪	sharin
coche (m)	自動車	jidōsha
ambulancia (f)	救急車	kyūkyū sha
camión (m)	トラック	torakku
de ocasión (adj)	中古の	chūko no
accidente (m)	車の事故	kuruma no jiko
reparación (f)	修理	shūri

11. La comida. Unidad 1

carne (f)	肉	niku
gallina (f)	鶏	niwatori
pato (m)	ダック	dakku
carne (f) de cerdo	豚肉	buta niku
carne (f) de ternera	子牛肉	kōshi niku
carne (f) de carnero	子羊肉	kohitsuji niku
carne (f) de vaca	牛肉	gyū niku
salchichón (m)	ソーセージ	sōsēji
huevo (m)	卵	tamago
pescado (m)	魚	sakana
queso (m)	チーズ	chīzu
azúcar (m)	砂糖	satō
sal (f)	塩	shio
arroz (m)	米	kome
macarrones (m pl)	パスタ	pasuta
mantequilla (f)	バター	batā
aceite (m) vegetal	植物油	shokubutsu yu
pan (m)	パン	pan
chocolate (m)	チョコレート	chokorēto
vino (m)	ワイン	wain
café (m)	コーヒー	kōhī

leche (f)	乳、ミルク	nyū, miruku
zumo (m), jugo (m)	ジュース	jūsu
cerveza (f)	ビール	bīru
té (m)	茶	cha

tomate (m)	トマト	tomato
pepino (m)	きゅうり [胡瓜]	kyūri
zanahoria (f)	ニンジン [人参]	ninjin
patata (f)	ジャガイモ	jagaimo
cebolla (f)	たまねぎ [玉葱]	tamanegi
ajo (m)	ニンニク	ninniku

col (f)	キャベツ	kyabetsu
remolacha (f)	テーブルビート	tēburu bīto
berenjena (f)	ナス	nasu
eneldo (m)	ディル	diru
lechuga (f)	レタス	retasu
maíz (m)	トウモロコシ	tōmorokoshi

fruto (m)	果物	kudamono
manzana (f)	リンゴ	ringo
pera (f)	洋梨	yōnashi
limón (m)	レモン	remon
naranja (f)	オレンジ	orenji
fresa (f)	イチゴ (苺)	ichigo

ciruela (f)	プラム	puramu
frambuesa (f)	ラズベリー (木苺)	razuberī
piña (f)	パイナップル	painappuru
banana (f)	バナナ	banana
sandía (f)	スイカ	suika
uva (f)	ブドウ [葡萄]	budō
melón (m)	メロン	meron

12. La comida. Unidad 2

cocina (f)	料理	ryōri
receta (f)	レシピ	reshipi
comida (f)	食べ物	tabemono

desayunar (vi)	朝食をとる	chōshoku wo toru
almorzar (vi)	昼食をとる	chūshoku wo toru
cenar (vi)	夕食をとる	yūshoku wo toru

sabor (m)	味	aji
sabroso (adj)	美味しい	oishī
frío (adj)	冷たい	tsumetai
caliente (adj)	熱い	atsui
azucarado, dulce (adj)	甘い	amai
salado (adj)	塩味の	shioaji no

bocadillo (m)	サンドイッチ	sandoicchi
guarnición (f)	付け合わせ	tsukeawase
relleno (m)	フィリング	firingu
salsa (f)	ソース	sōsu
pedazo (m)	一切れ	ichi kire
dieta (f)	ダイエット	daietto
vitamina (f)	ビタミン	bitamin
caloría (f)	カロリー	karorī
vegetariano (m)	ベジタリアン	bejitarian
restaurante (m)	レストラン	resutoran
cafetería (f)	喫茶店	kissaten
apetito (m)	食欲	shokuyoku
¡Que aproveche!	どうぞお召し上がり下さい！	dōzo o meshiagarikudasai!
camarero (m)	ウェイター	weitā
camarera (f)	ウェートレス	wētoresu
barman (m)	バーテンダー	bātendā
carta (f), menú (m)	メニュー	menyū
cuchara (f)	スプーン	supūn
cuchillo (m)	ナイフ	naifu
tenedor (m)	フォーク	fōku
taza (f)	カップ	kappu
plato (m)	皿	sara
platillo (m)	ソーサー	sōsā
servilleta (f)	ナフキン	nafukin
mondadientes (m)	つまようじ［爪楊枝］	tsumayōji
pedir (vt)	注文する	chūmon suru
plato (m)	料理	ryōri
porción (f)	一人前	ichi ninmae
entremés (m)	前菜	zensai
ensalada (f)	サラダ	sarada
sopa (f)	スープ	sūpu
postre (m)	デザート	dezāto
confitura (f)	ジャム	jamu
helado (m)	アイスクリーム	aisukurīmu
cuenta (f)	お勘定	okanjō
pagar la cuenta	勘定を払う	kanjō wo harau
propina (f)	チップ	chippu

13. La casa. El apartamento. Unidad 1

casa (f)	家屋	kaoku
casa (f) de campo	田舎の邸宅	inaka no teitaku

villa (f)	別荘	bessō
piso (m), planta (f)	階	kai
entrada (f)	入口	iriguchi
pared (f)	壁	kabe
techo (m)	屋根	yane
chimenea (f)	煙突	entotsu

desván (m)	屋根裏	yaneura
ventana (f)	窓	mado
alféizar (m)	窓台	mado dai
balcón (m)	バルコニー	barukonī

escalera (f)	階段	kaidan
buzón (m)	郵便受け	yūbin uke
contenedor (m) de basura	ゴミ収納庫	gomishūnōko
ascensor (m)	エレベーター	erebētā

electricidad (f)	電気	denki
bombilla (f)	電球	denkyū
interruptor (m)	スイッチ	suicchi
enchufe (m)	コンセント	konsento
fusible (m)	ヒューズ	hyūzu

puerta (f)	ドア	doa
tirador (m)	ドアノブ	doa nobu
llave (f)	鍵	kagi
felpudo (m)	玄関マット	genkan matto

cerradura (f)	錠	jō
timbre (m)	ドアベル	doa beru
toque (m) a la puerta	ノック	nokku
tocar la puerta	ノックする	nokku suru
mirilla (f)	ドアアイ	doaai

patio (m)	中庭	nakaniwa
jardín (m)	庭	niwa
piscina (f)	プール	pūru
gimnasio (m)	ジム	jimu
cancha (f) de tenis	テニスコート	tenisu kōto
garaje (m)	車庫	shako

propiedad (f) privada	私有地	shiyūchi
letrero (m) de aviso	警告表示	keikoku hyōji
seguridad (f)	警備	keibi
guardia (m) de seguridad	警備員	keibi in

renovación (f)	リフォーム	rifōmu
renovar (vt)	リフォームする	rifōmu suru
poner en orden	整頓する	seiton suru
pintar (las paredes)	塗る	nuru
empapelado (m)	壁紙	kabegami
cubrir con barniz	ニスを塗る	nisu wo nuru

tubo (m)	管	kan
instrumentos (m pl)	工具	kōgu
sótano (m)	地下室	chika shitsu
alcantarillado (m)	下水道	gesuidō

14. La casa. El apartamento. Unidad 2

apartamento (m)	アパート	apāto
habitación (f)	部屋	heya
dormitorio (m)	寝室	shinshitsu
comedor (m)	食堂	shokudō
salón (m)	居間	ima
despacho (m)	書斎	shosai
antecámara (f)	玄関	genkan
cuarto (m) de baño	浴室	yokushitsu
servicio (m)	トイレ	toire
suelo (m)	床	yuka
techo (m)	天井	tenjō
limpiar el polvo	ほこりを払う	hokori wo harau
aspirador (m), aspiradora (f)	掃除機	sōji ki
limpiar con la aspiradora	掃除機をかける	sōji ki wo kakeru
fregona (f)	モップ	moppu
trapo (m)	ダストクロス	dasuto kurosu
escoba (f)	ほうき	hōki
cogedor (m)	ちりとり	chiritori
muebles (m pl)	家具	kagu
mesa (f)	テーブル	tēburu
silla (f)	椅子	isu
sillón (m)	肘掛け椅子	hijikake isu
librería (f)	書棚	shodana
estante (m)	棚	tana
armario (m)	ワードローブ	wādo rōbu
espejo (m)	鏡	kagami
tapiz (m)	カーペット	kāpetto
chimenea (f)	暖炉	danro
cortinas (f pl)	カーテン	kāten
lámpara (f) de mesa	テーブルランプ	tēburu ranpu
lámpara (f) de araña	シャンデリア	shanderia
cocina (f)	台所	daidokoro
cocina (f) de gas	ガスコンロ	gasu konro
cocina (f) eléctrica	電気コンロ	denki konro
horno (m) microondas	電子レンジ	denshi renji
frigorífico (m)	冷蔵庫	reizōko

congelador (m)	冷凍庫	reitōko
lavavajillas (m)	食器洗い機	shokkiarai ki
grifo (m)	蛇口	jaguchi

picadora (f) de carne	肉挽き器	niku hiki ki
exprimidor (m)	ジューサー	jūsā
tostador (m)	トースター	tōsutā
batidora (f)	ハンドミキサー	hando mikisā

cafetera (f) (aparato de cocina)	コーヒーメーカー	kōhī mēkā
hervidor (m) de agua	やかん	yakan
tetera (f)	急須	kyūsu

televisor (m)	テレビ	terebi
vídeo (m)	ビデオ	bideo
plancha (f)	アイロン	airon
teléfono (m)	電話	denwa

15. Los trabajos. El estatus social

director (m)	責任者	sekinin sha
superior (m)	上司	jōshi
presidente (m)	社長	shachō
asistente (m)	助手	joshu
secretario, -a (m, f)	秘書	hisho

propietario (m)	経営者	keieisha
socio (m)	パートナー	pātonā
accionista (m)	株主	kabunushi

hombre (m) de negocios	ビジネスマン	bijinesuman
millonario (m)	百万長者	hyakuman chōja
multimillonario (m)	億万長者	okuman chōja

actor (m)	俳優	haiyū
arquitecto (m)	建築士	kenchiku shi
banquero (m)	銀行家	ginkō ka
broker (m)	仲買人	nakagainin
veterinario (m)	獣医	jūi
médico (m)	医者	isha
camarera (f)	客室係	kyakushitsu gakari
diseñador (m)	デザイナー	dezainā
corresponsal (m)	特派員	tokuhain
repartidor (m)	宅配業者	takuhai gyōsha

electricista (m)	電気工事士	denki kōji shi
músico (m)	音楽家	ongakuka
niñera (f)	ベビーシッター	bebīshittā
peluquero (m)	美容師	biyō shi

pastor (m)	牛飼い	ushikai
cantante (m)	歌手	kashu
traductor (m)	翻訳者	honyaku sha
escritor (m)	作家	sakka
carpintero (m)	大工	daiku
cocinero (m)	料理人	ryōri jin
bombero (m)	消防士	shōbō shi
policía (m)	警官	keikan
cartero (m)	郵便配達人	yūbin haitatsu jin
programador (m)	プログラマー	puroguramā
vendedor (m)	店員	tenin
obrero (m)	労働者	rōdō sha
jardinero (m)	庭師	niwashi
fontanero (m)	配管工	haikan kō
dentista (m)	歯科医	shikai
azafata (f)	客室乗務員	kyakushitsu jōmu in
bailarín (m)	ダンサー	dansā
guardaespaldas (m)	ボディーガード	bodīgādo
científico (m)	科学者	kagaku sha
profesor (m)	教師	kyōshi
(~ de baile, etc.)		
granjero (m)	農業経営者	nōgyō keiei sha
cirujano (m)	外科医	gekai
minero (m)	鉱山労働者	kōzan rōdō sha
jefe (m) de cocina	シェフ	shefu
chofer (m)	運転手	unten shu

16. Los deportes

tipo (m) de deporte	スポーツの種類	supōtsu no shurui
fútbol (m)	サッカー	sakkā
hockey (m)	アイスホッケー	aisuhokkē
baloncesto (m)	バスケットボール	basukettobōru
béisbol (m)	野球	yakyū
voleibol (m)	バレーボール	barēbōru
boxeo (m)	ボクシング	bokushingu
lucha (f)	レスリング	resuringu
tenis (m)	テニス	tenisu
natación (f)	水泳	suiei
ajedrez (m)	チェス	chesu
carrera (f)	ランニング	ranningu
atletismo (m)	陸上競技	rikujō kyōgi
patinaje (m) artístico	フィギュアスケート	figyua sukēto
ciclismo (m)	サイクリング	saikuringu

billar (m)	ビリヤード	biriyādo
culturismo (m)	ボディビル	bodibiru
golf (m)	ゴルフ	gorufu
buceo (m)	ダイビング	daibingu
vela (f)	セーリング	sēringu
tiro (m) con arco	洋弓	yōkyū
tiempo (m)	ピリオド、ハーフ	piriodo, hāfu
descanso (m)	ハーフタイム	hāfu taimu
empate (m)	引き分け	hikiwake
empatar (vi)	引き分けになる	hikiwake ni naru
cinta (f) de correr	トレッドミル	toreddomiru
jugador (m)	選手	senshu
reserva (m)	補欠	hoketsu
banquillo (m) de reserva	ベンチ	benchi
match (m)	試合	shiai
puerta (f)	ゴール	gōru
portero (m)	ゴールキーパー	gōrukīpā
gol (m)	ゴール	gōru
Juegos (m pl) Olímpicos	オリンピック	orinpikku
establecer un record	記録を打ち立てる	kiroku wo uchitateru
final (m)	決勝戦	kesshō sen
campeón (m)	チャンピオン	chanpion
campeonato (m)	選手権	senshuken
vencedor (m)	勝利者	shōri sha
victoria (f)	勝利	shōri
ganar (vi)	勝つ	katsu
perder (vi)	負ける	makeru
medalla (f)	メダル	medaru
primer puesto (m)	一位	ichi i
segundo puesto (m)	二位	ni i
tercer puesto (m)	三位	san i
estadio (m)	スタジアム	sutajiamu
hincha (m)	ファン	fan
entrenador (m)	トレーナー	torēnā
entrenamiento (m)	トレーニング	torēningu

17. Los idiomas extranjeros. La ortografía

lengua (f)	言語	gengo
estudiar (vt)	勉強する	benkyō suru
pronunciación (f)	発音	hatsuon
acento (m)	なまり［訛り］	namari
sustantivo (m)	名詞	meishi

adjetivo (m)	形容詞	keiyōshi
verbo (m)	動詞	dōshi
adverbio (m)	副詞	fukushi
pronombre (m)	代名詞	daimeishi
interjección (f)	間投詞	kantōshi
preposición (f)	前置詞	zenchishi
raíz (f), radical (m)	語根	gokon
desinencia (f)	語尾	gobi
prefijo (m)	接頭辞	settō ji
sílaba (f)	音節	onsetsu
sufijo (m)	接尾辞	setsubi ji
acento (m)	キョウセイ ［強勢］	kyōsei
punto (m)	句点	kuten
coma (m)	コンマ	konma
dos puntos (m pl)	コロン	koron
puntos (m pl) suspensivos	省略	shōrya ku
pregunta (f)	疑問文	gimon bun
signo (m) de interrogación	疑問符	gimon fu
signo (m) de admiración	感嘆符	kantan fu
entre comillas	引用符内	inyō fu nai
entre paréntesis	ガッコ内　（括弧内）	kakko nai
letra (f)	文字	moji
letra (f) mayúscula	大文字	daimonji
oración (f)	文	bun
combinación (f) de palabras	語群	gogun
expresión (f)	表現	hyōgen
sujeto (m)	主語	shugo
predicado (m)	述語	jutsugo
línea (f)	行	gyō
párrafo (m)	段落	danraku
sinónimo (m)	同義語	dōgigo
antónimo (m)	対義語	taigigo
excepción (f)	例外	reigai
subrayar (vt)	下線を引く	kasen wo hiku
reglas (f pl)	規則	kisoku
gramática (f)	文法	bunpō
vocabulario (m)	語彙	goi
fonética (f)	音声学	onseigaku
alfabeto (m)	アルファベット	arufabetto
manual (m)	教科書	kyōkasho
diccionario (m)	辞書	jisho

guía (f) de conversación	慣用表現集	kanyō hyōgen shū
palabra (f)	単語	tango
significado (m)	意味	imi
memoria (f)	記憶	kioku

18. La Tierra. La geografía

Tierra (f)	地球	chikyū
globo (m) terrestre	世界	sekai
planeta (m)	惑星	wakusei

geografía (f)	地理学	chiri gaku
naturaleza (f)	自然	shizen
mapa (m)	地図	chizu
atlas (m)	地図帳	chizu chō

en el norte	北に	kita ni
en el sur	南に	minami ni
en el oeste	西に	nishi ni
en el este	東に	higashi ni

mar (m)	海	umi
océano (m)	海洋	kaiyō
golfo (m)	湾	wan
estrecho (m)	海峡	kaikyō

continente (m)	大陸	tairiku
isla (f)	島	shima
península (f)	半島	hantō
archipiélago (m)	多島海	tatōkai

ensenada, bahía (f)	泊地	hakuchi
arrecife (m) de coral	サンゴ礁	sangoshō
orilla (f)	海岸	kaigan
costa (f)	沿岸	engan

| flujo (m) | 満潮 | manchō |
| reflujo (m) | 干潮 | kanchō |

latitud (f)	緯度	ido
longitud (f)	経度	keido
paralelo (m)	度線	dosen
ecuador (m)	赤道	sekidō

cielo (m)	空	sora
horizonte (m)	地平線	chiheisen
atmósfera (f)	大気	taiki

| montaña (f) | 山 | yama |
| cima (f) | 頂上 | chōjō |

roca (f)	断崖	dangai
colina (f)	丘	oka
volcán (m)	火山	kazan
glaciar (m)	氷河	hyōga
cascada (f)	滝	taki
llanura (f)	平原	heigen
río (m)	川	kawa
manantial (m)	泉	izumi
ribera (f)	川岸	kawagishi
río abajo (adv)	下流の	karyū no
río arriba (adv)	上流の	jōryū no
lago (m)	湖	mizūmi
presa (f)	ダム	damu
canal (m)	運河	unga
pantano (m)	沼地	numachi
hielo (m)	氷	kōri

19. Los países. Unidad 1

Europa (f)	ヨーロッパ	yōroppa
Unión (f) Europea	欧州連合	ōshū rengō
europeo (m)	ヨーロッパ人	yōroppa jin
europeo (adj)	ヨーロッパの	yōroppa no
Austria (f)	オーストリア	ōsutoria
Gran Bretaña (f)	グレートブリテン島	gurētoburiten tō
Inglaterra (f)	イギリス	igirisu
Bélgica (f)	ベルギー	berugī
Alemania (f)	ドイツ	doitsu
Países Bajos (m pl)	ネーデルラント	nēderuranto
Holanda (f)	オランダ	oranda
Grecia (f)	ギリシャ	girisha
Dinamarca (f)	デンマーク	denmāku
Irlanda (f)	アイルランド	airurando
Islandia (f)	アイスランド	aisurando
España (f)	スペイン	supein
Italia (f)	イタリア	itaria
Chipre (m)	キプロス	kipurosu
Malta (f)	マルタ	maruta
Noruega (f)	ノルウェー	noruwē
Portugal (m)	ポルトガル	porutogaru
Finlandia (f)	フィンランド	finrando
Francia (f)	フランス	furansu
Suecia (f)	スウェーデン	suwēden

Suiza (f)	スイス	suisu
Escocia (f)	スコットランド	sukottorando
Vaticano (m)	バチカン	bachikan
Liechtenstein (m)	リヒテンシュタイン	rihitenshutain
Luxemburgo (m)	ルクセンブルク	rukusenburuku
Mónaco (m)	モナコ	monako
Albania (f)	アルバニア	arubania
Bulgaria (f)	ブルガリア	burugaria
Hungría (f)	ハンガリー	hangarī
Letonia (f)	ラトビア	ratobia
Lituania (f)	リトアニア	ritoania
Polonia (f)	ポーランド	pōrando
Rumania (f)	ルーマニア	rūmania
Serbia (f)	セルビア	serubia
Eslovaquia (f)	スロバキア	surobakia
Croacia (f)	クロアチア	kuroachia
Chequia (f)	チェコ	cheko
Estonia (f)	エストニア	esutonia
Bosnia y Herzegovina	ボスニア・ヘルツェゴヴィナ	bosunia herutsegovina
Macedonia	マケドニア地方	makedonia chihō
Eslovenia	スロベニア	surobenia
Montenegro (m)	モンテネグロ	monteneguro
Bielorrusia (f)	ベラルーシー	berarūshī
Moldavia (f)	モルドヴァ	morudova
Rusia (f)	ロシア	roshia
Ucrania (f)	ウクライナ	ukuraina

20. Los países. Unidad 2

Asia (f)	アジア	ajia
Vietnam (m)	ベトナム	betonamu
India (f)	インド	indo
Israel (m)	イスラエル	isuraeru
China (f)	中国	chūgoku
Líbano (m)	レバノン	rebanon
Mongolia (f)	モンゴル	mongoru
Malasia (f)	マレーシア	marēshia
Pakistán (m)	パキスタン	pakisutan
Arabia (f) Saudita	サウジアラビア	saujiarabia
Tailandia (f)	タイ	tai
Taiwán (m)	台湾	taiwan
Turquía (f)	トルコ	toruko
Japón (m)	日本	nihon

Afganistán (m)	アフガニスタン	afuganisutan
Bangladesh (m)	バングラデシュ	banguradeshu
Indonesia (f)	インドネシア	indoneshia
Jordania (f)	ヨルダン	yorudan
Irak (m)	イラク	iraku
Irán (m)	イラン	iran
Camboya (f)	カンボジア	kanbojia
Kuwait (m)	クウェート	kuwēto
Laos (m)	ラオス	raosu
Myanmar (m)	ミャンマー	myanmā
Nepal (m)	ネパール	nepāru
Emiratos (m pl) Árabes Unidos	アラブ首長国連邦	arabu shuchō koku renpō
Siria (f)	シリア	shiria
Palestina (f)	パレスチナ	paresuchina
Corea (f) del Sur	大韓民国	daikanminkoku
Corea (f) del Norte	北朝鮮	kitachōsen
Estados Unidos de América	アメリカ合衆国	amerika gasshūkoku
Canadá (f)	カナダ	kanada
Méjico (m)	メキシコ	mekishiko
Argentina (f)	アルゼンチン	aruzenchin
Brasil (m)	ブラジル	burajiru
Colombia (f)	コロンビア	koronbia
Cuba (f)	キューバ	kyūba
Chile (m)	チリ	chiri
Venezuela (f)	ベネズエラ	benezuera
Ecuador (m)	エクアドル	ekuadoru
Islas (f pl) Bahamas	バハマ	bahama
Panamá (f)	パナマ	panama
Egipto (m)	エジプト	ejiputo
Marruecos (m)	モロッコ	morokko
Túnez (m)	チュニジア	chunijia
Kenia (f)	ケニア	kenia
Libia (f)	リビア	ribia
República (f) Sudafricana	南アフリカ	minami afurika
Australia (f)	オーストラリア	ōsutoraria
Nueva Zelanda (f)	ニュージーランド	nyūjīrando

21. El tiempo. Los desastres naturales

tiempo (m)	天気	tenki
previsión (f) del tiempo	天気予報	tenki yohō
temperatura (f)	温度	ondo

termómetro (m)	温度計	ondo kei
barómetro (m)	気圧計	kiatsu kei
sol (m)	太陽	taiyō
brillar (vi)	照る	teru
soleado (un día ~)	晴れの	hare no
elevarse (el sol)	昇る	noboru
ponerse (vr)	沈む	shizumu
lluvia (f)	雨	ame
está lloviendo	雨が降っている	ame ga futte iru
aguacero (m)	土砂降りの雨	doshaburi no ame
nubarrón (m)	雨雲	amagumo
charco (m)	水溜り	mizutamari
mojarse (vr)	ぬれる [濡れる]	nureru
tormenta (f)	雷雨	raiu
relámpago (m)	稲妻	inazuma
relampaguear (vi)	ピカッと光る	pikatto hikaru
trueno (m)	雷	kaminari
está tronando	雷が鳴っている	kaminari ga natte iru
granizo (m)	ひょう [雹]	hyō
está granizando	ひょうが降っている	hyō ga futte iru
bochorno (m)	猛暑	mōsho
hace mucho calor	暑いです	atsui desu
hace calor (templado)	暖かいです	atatakai desu
hace frío	寒いです	samui desu
niebla (f)	霧	kiri
nebuloso (adj)	霧の	kiri no
nube (f)	雲	kumo
nuboso (adj)	曇りの	kumori no
humedad (f)	湿度	shitsudo
nieve (f)	雪	yuki
está nevando	雪が降っている	yuki ga futte iru
helada (f)	ひどい霜	hidoi shimo
bajo cero (adv)	零下	reika
escarcha (f)	霜	shimo
mal tiempo (m)	悪い天気	warui tenki
catástrofe (f)	災害	saigai
inundación (f)	洪水	kōzui
avalancha (f)	雪崩	nadare
terremoto (m)	地震	jishin
sacudida (f)	震動	shindō
epicentro (m)	震源地	shingen chi
erupción (f)	噴火	funka
lava (f)	溶岩	yōgan
tornado (m)	竜巻	tatsumaki

torbellino (m)	旋風	senpū
huracán (m)	ハリケーン	harikēn
tsunami (m)	津波	tsunami
ciclón (m)	サイクロン	saikuron

22. Los animales. Unidad 1

animal (m)	動物	dōbutsu
carnívoro (m)	肉食獣	nikushoku juu
tigre (m)	トラ [虎]	tora
león (m)	ライオン	raion
lobo (m)	オオカミ	ōkami
zorro (m)	キツネ [狐]	kitsune
jaguar (m)	ジャガー	jagā
lince (m)	オオヤマネコ	ōyamaneko
coyote (m)	コヨーテ	koyōte
chacal (m)	ジャッカル	jakkaru
hiena (f)	ハイエナ	haiena
ardilla (f)	リス	risu
erizo (m)	ハリネズミ [針鼠]	harinezumi
conejo (m)	ウサギ [兎]	usagi
mapache (m)	アライグマ	araiguma
hámster (m)	ハムスター	hamusutā
topo (m)	モグラ	mogura
ratón (m)	ネズミ	nezumi
rata (f)	ラット	ratto
murciélago (m)	コウモリ [蝙蝠]	kōmori
castor (m)	ビーバー	bībā
caballo (m)	ウマ [馬]	uma
ciervo (m)	シカ [鹿]	shika
camello (m)	ラクダ [駱駝]	rakuda
cebra (f)	シマウマ [縞馬]	shimauma
ballena (f)	クジラ [鯨]	kujira
foca (f)	アザラシ	azarashi
morsa (f)	セイウチ [海象]	seiuchi
delfín (m)	いるか [海豚]	iruka
oso (m)	クマ [熊]	kuma
mono (m)	サル [猿]	saru
elefante (m)	ゾウ [象]	zō
rinoceronte (m)	サイ [犀]	sai
jirafa (f)	キリン	kirin
hipopótamo (m)	カバ [河馬]	kaba
canguro (m)	カンガルー	kangarū

| gata (f) | 猫 | neko |
| perro (m) | 犬 | inu |

vaca (f)	雌牛	meushi
toro (m)	雄牛	ōshi
oveja (f)	羊	hitsuji
cabra (f)	ヤギ［山羊］	yagi

asno (m)	ロバ	roba
cerdo (m)	ブタ［豚］	buta
gallina (f)	ニワトリ［鶏］	niwatori
gallo (m)	おんどり［雄鶏］	ondori

pato (m)	アヒル	ahiru
ganso (m)	ガチョウ	gachō
pava (f)	七面鳥［シチメンチョウ］	shichimenchō
perro (m) pastor	牧羊犬	bokuyō ken

23. Los animales. Unidad 2

pájaro (m)	鳥	tori
paloma (f)	鳩［ハト］	hato
gorrión (m)	スズメ（雀）	suzume
carbonero (m)	シジュウカラ［四十雀］	shijūkara
urraca (f)	カササギ（鵲）	kasasagi

águila (f)	鷲	washi
azor (m)	鷹	taka
halcón (m)	ハヤブサ［隼］	hayabusa

cisne (m)	白鳥［ハクチョウ］	hakuchō
grulla (f)	鶴［ツル］	tsuru
cigüeña (f)	シュバシコウ	shubashikō
loro (m), papagayo (m)	オウム	ōmu
pavo (m) real	クジャク［孔雀］	kujaku
avestruz (m)	ダチョウ［駝鳥］	dachō

garza (f)	サギ［鷺］	sagi
ruiseñor (m)	サヨナキドリ	sayonakidori
golondrina (f)	ツバメ［燕］	tsubame
pájaro carpintero (m)	キツツキ	kitsutsuki
cuco (m)	カッコウ［郭公］	kakkō
lechuza (f)	トラフズク	torafuzuku

pingüino (m)	ペンギン	pengin
atún (m)	マグロ［鮪］	maguro
trucha (f)	マス［鱒］	masu
anguila (f)	ウナギ［鰻］	unagi
tiburón (m)	サメ［鮫］	same
centolla (f)	カニ［蟹］	kani

medusa (f)	クラゲ［水母］	kurage
pulpo (m)	タコ［蛸］	tako
estrella (f) de mar	ヒトデ［海星］	hitode
erizo (m) de mar	ウニ［海胆］	uni
caballito (m) de mar	タツノオトシゴ	tatsunootoshigo
camarón (m)	エビ	ebi
serpiente (f)	ヘビ（蛇）	hebi
víbora (f)	クサリヘビ	kusarihebi
lagarto (m)	トカゲ［蜥蜴］	tokage
iguana (f)	イグアナ	iguana
camaleón (m)	カメレオン	kamereon
escorpión (m)	サソリ［蠍］	sasori
tortuga (f)	カメ［亀］	kame
rana (f)	蛙［カエル］	kaeru
cocodrilo (m)	ワニ［鰐］	wani
insecto (m)	昆虫	konchū
mariposa (f)	チョウ［蝶］	chō
hormiga (f)	アリ［蟻］	ari
mosca (f)	ハエ［蝿］	hae
mosquito (m) (picadura de ~)	カ［蚊］	ka
escarabajo (m)	甲虫	kabutomushi
abeja (f)	ハチ［蜂］	hachi
araña (f)	クモ［蜘蛛］	kumo
mariquita (f)	テントウムシ［天道虫］	tentōmushi

24. Los árboles. Las plantas

árbol (m)	木	ki
abedul (m)	カバノキ	kabanoki
roble (m)	オーク	ōku
tilo (m)	シナノキ［科の木］	shinanoki
pobo (m)	ヤマナラシ［山鳴らし］	yamanarashi
arce (m)	カエデ［楓］	kaede
pícea (f)	スプルース	supurūsu
pino (m)	マツ［松］	matsu
cedro (m)	シダー	shidā
álamo (m)	ポプラ	popura
serbal (m)	ナナカマド	nanakamado
haya (f)	ブナ	buna
olmo (m)	ニレ［楡］	nire
fresno (m)	トネリコ［梣］	toneriko
castaño (m)	クリ［栗］	kuri

palmera (f)	ヤシ［椰子］	yashi
mata (f)	低木	teiboku
seta (f)	キノコ［茸］	kinoko
seta (f) venenosa	毒キノコ	doku kinoko
seta calabaza (f)	ヤマドリタケ	yamadori take
rúsula (f)	ベニタケ［紅茸］	beni take
matamoscas (m)	ベニテングタケ［紅天狗茸］	benitengu take
oronja (f) verde	タマゴテングタケ［卵天狗茸］	tamagotengu take
flor (f)	花	hana
ramo (m) de flores	花束	hanataba
rosa (f)	バラ	bara
tulipán (m)	チューリップ	chūrippu
clavel (m)	カーネーション	kānēshon
manzanilla (f)	カモミール	kamomīru
cacto (m)	サボテン	saboten
muguete (m)	スズラン［鈴蘭］	suzuran
campanilla (f) de las nieves	スノードロップ	sunōdoroppu
nenúfar (m)	スイレン［睡蓮］	suiren
invernadero (m) tropical	温室	onshitsu
césped (m)	芝生	shibafu
macizo (m) de flores	花壇	kadan
planta (f)	植物	shokubutsu
hierba (f)	草	kusa
hoja (f)	葉	ha
pétalo (m)	花びら	hanabira
tallo (m)	茎	kuki
retoño (m)	シュート	shūto
cereales (m pl) (plantas)	禾穀類	kakokurui
trigo (m)	コムギ［小麦］	komugi
centeno (m)	ライムギ［ライ麦］	raimugi
avena (f)	オーツムギ［オーツ麦］	ōtsu mugi
mijo (m)	キビ［黍］	kibi
cebada (f)	オオムギ［大麦］	ōmugi
maíz (m)	トウモロコシ	tōmorokoshi
arroz (m)	イネ［稲］	ine

25. Varias palabras útiles

alto (m) (parada temporal)	休止	kyūshi
ayuda (f)	手伝い	tetsudai
balance (m)	衡平	kōhei

base (f) (~ científica)	基礎	kiso
categoría (f)	カテゴリー	kategorī
coincidencia (f)	一致	icchi
comienzo (m) (principio)	始め	hajime
comparación (f)	比較	hikaku
desarrollo (m)	発達	hattatsu
diferencia (f)	差異	sai
efecto (m)	効果	kōka
ejemplo (m)	例	rei
variedad (f) (selección)	選択	sentaku
elemento (m)	要素	yōso
error (m)	間違い	machigai
esfuerzo (m)	尽力	jinryoku
estándar (adj)	標準の	hyōjun no
estilo (m)	スタイル	sutairu
forma (f) (contorno)	形状	keijō
grado (m) (en mayor ~)	程度	teido
hecho (m)	事実	jijitsu
ideal (m)	理想	risō
modo (m) (de otro ~)	方法	hōhō
momento (m)	瞬間	shunkan
obstáculo (m)	妨害	bōgai
parte (f)	一部	ichibu
pausa (f)	一時停止	ichiji teishi
posición (f)	位置	ichi
problema (m)	問題	mondai
proceso (m)	一連の作業	ichiren no sagyō
progreso (m)	進歩	shinpo
propiedad (f) (cualidad)	性質	seishitsu
reacción (f)	反応	hannō
riesgo (m)	危険	kiken
secreto (m)	秘密	himitsu
serie (f)	シリーズ	shirīzu
sistema (m)	システム	shisutemu
situación (f)	状況	jōkyō
solución (f)	解決	kaiketsu
tabla (f) (~ de multiplicar)	表	hyō
tempo (m) (ritmo)	テンポ	tenpo
término (m)	用語	yōgo
tipo (m) (p.ej. ~ de deportes)	種類	shurui
turno (m) (esperar su ~)	順番	junban
urgente (adj)	至急の	shikyū no
utilidad (f)	実用性	jitsuyō sei

variante (f)	バリアント	barianto
verdad (f)	真実	shinjitsu
zona (f)	地帯	chitai

26. Los adjetivos. Unidad 1

abierto (adj)	開いた	hirai ta
adicional (adj)	追加の	tsuika no
agrio (sabor ~)	酸っぱい［すっぱい］	suppai
agudo (adj)	鋭い	surudoi
amargo (adj)	苦い	nigai
amplio (~a habitación)	広々とした	hirobiro to shi ta
antiguo (adj)	古代の	kodai no
arriesgado (adj)	危険な	kiken na
artificial (adj)	人工の	jinkō no
azucarado, dulce (adj)	甘い	amai
bajo (voz ~a)	低い	hikui
bello (hermoso)	美しい	utsukushī
blando (adj)	柔らかい	yawarakai
bronceado (adj)	日焼けした	hiyake shi ta
central (adj)	中心の	chūshin no
ciego (adj)	盲目の	mōmoku no
clandestino (adj)	内密の	naimitsu no
compatible (adj)	…準拠の	… junkyo no
congelado (pescado ~)	冷凍の	reitō no
contento (adj)	満足した	manzoku shi ta
continuo (adj)	連続的な	renzoku teki na
cortés (adj)	礼儀正しい	reigi tadashī
corto (adj)	短い	mijikai
crudo (huevos ~s)	生の	nama no
de segunda mano	中古の	chūko no
denso (~a niebla)	濃い	koi
derecho (adj)	右の	migi no
difícil (decisión)	難しい	muzukashī
dulce (agua ~)	淡…	tan …
duro (material, etc.)	硬い	katai
enfermo (adj)	病気の	byōki no
enorme (adj)	巨大な	kyodai na
especial (adj)	特別の	tokubetsu no
estrecho (calle, etc.)	狭い	semai
exacto (adj)	正確な	seikaku na
excelente (adj)	優れた	sugure ta
excesivo (adj)	過度の	kado no
exterior (adj)	外部の	gaibu no

fácil (adj)	易しい	yasashī
feliz (adj)	幸福な	kōfuku na
fértil (la tierra ~)	肥えた	koe ta
frágil (florero, etc.)	壊れやすい	koware yasui
fuerte (~ voz)	大声の	ōgoe no
fuerte (adj)	強い	tsuyoi
grande (en dimensiones)	大きい	ohkī
gratis (adj)	無料の	muryō no
importante (adj)	重要な	jūyō na
infantil (adj)	子供の	kodomo no
inmóvil (adj)	動けない	ugoke nai
inteligente (adj)	利口な	rikō na
interior (adj)	内部の	naibu no
izquierdo (adj)	左の	hidari no

27. Los adjetivos. Unidad 2

largo (camino)	長い	nagai
legal (adj)	合法の	gōhō no
ligero (un metal ~)	軽い	karui
limpio (camisa ~)	きれいな	kireina
líquido (adj)	液状の	ekijō no
liso (piel, pelo, etc.)	平坦な	heitan na
lleno (adj)	満ちた	michi ta
maduro (fruto, etc.)	熟れた	ure ta
malo (adj)	悪い	warui
mate (sin brillo)	マット	matto
misterioso (adj)	謎の	nazo no
muerto (adj)	死んだ	shin da
natal (país ~)	生まれた	umare ta
negativo (adj)	否定の	hitei no
no difícil (adj)	難しくない	muzukashiku nai
normal (adj)	標準の	hyōjun no
nuevo (adj)	新しい	atarashī
obligatorio (adj)	義務的な	gimu teki na
opuesto (adj)	正反対の	sei hantai no
ordinario (adj)	普通の	futsū no
original (inusual)	独創的な	dokusōtekina
peligroso (adj)	危険な	kiken na
pequeño (adj)	小さい	chīsai
perfecto (adj)	優れた	sugure ta
personal (adj)	個人的な	kojin teki na
pobre (adj)	貧乏な	binbō na
poco claro (adj)	明確でない	meikaku de nai

poco profundo (adj)	浅い	asai
posible (adj)	可能な	kanō na
principal (~ idea)	主な	omo na
principal (la entrada ~)	主な	omo na
probable (adj)	ありそうな	arisō na
público (adj)	公共の	kōkyo no
rápido (adj)	速い	hayai
raro (adj)	珍しい	mezurashī
recto (línea ~a)	直…、真っすぐな	choku …, massuguna
sabroso (adj)	美味しい	oishī
siguiente (avión, etc.)	来…	rai …
similar (adj)	に似て	ni ni te
sólido (~a pared)	頑丈な	ganjō na
sucio (no limpio)	汚れた	yogore ta
tonto (adj)	愚かな	oroka na
triste (mirada ~)	悲しげな	kanashi ge na
último (~a oportunidad)	最後の	saigo no
último (~a vez)	先…	sen …
vacío (vaso medio ~)	空の	karano
viejo (casa ~a)	古い	furui

28. Los verbos. Unidad 1

abrir (vt)	開ける	akeru
acabar, terminar (vt)	終える	oeru
acusar (vt)	責める	semeru
agradecer (vt)	感謝する	kansha suru
almorzar (vi)	昼食をとる	chūshoku wo toru
alquilar (~ una casa)	借りる	kariru
anular (vt)	取り消す	torikesu
anunciar (vt)	アナウンスする	anaunsu suru
apagar (vt)	消す	kesu
autorizar (vt)	許可する	kyoka suru
ayudar (vt)	手伝う	tetsudau
bailar (vi, vt)	踊る	odoru
beber (vi, vt)	飲む	nomu
borrar (vt)	削除する	sakujo suru
bromear (vi)	冗談を言う	jōdan wo iu
bucear (vi)	ダイビングする	daibingu suru
caer (vi)	落ちる	ochiru
cambiar (vt)	変える	kaeru
cantar (vi)	さえずる	saezuru
cavar (vt)	掘る	horu
cazar (vi, vt)	狩る	karu

cenar (vi)	夕食をとる	yūshoku wo toru
cerrar (vt)	閉める	shimeru
cesar (vt)	止める	tomeru
coger (vt)	捕らえる	toraeru
comenzar (vt)	始める	hajimeru
comer (vi, vt)	食べる	taberu
comparar (vt)	比較する	hikaku suru
comprar (vt)	買う	kau
comprender (vt)	理解する	rikai suru
confiar (vt)	信用する	shinyō suru
confirmar (vt)	確認する	kakunin suru
conocer (~ a alguien)	知っている	shitte iru
construir (vt)	建設する	kensetsu suru
contar (una historia)	話をする	hanashi wo suru
contar (vt) (enumerar)	計算する	keisan suru
contar con ...	…を頼りにする	… wo tayori ni suru
copiar (vt)	コピーする	kopī suru
correr (vi)	走る	hashiru
costar (vt)	かかる	kakaru
crear (vt)	創造する	sōzō suru
creer (en Dios)	信じる	shinjiru
dar (vt)	手渡す	tewatasu
decidir (vt)	決定する	kettei suru
decir (vt)	言う	iu
dejar caer	落とす	otosu
depender de ...	…に依存する	… ni izon suru
desaparecer (vi)	姿を消す	sugata wo kesu
desayunar (vi)	朝食をとる	chōshoku wo toru
despreciar (vt)	軽蔑する	keibetsu suru
disculpar (vt)	許す	yurusu
disculparse (vr)	謝る	ayamaru
discutir (vt)	討議する	tōgi suru
divorciarse (vr)	離婚する	rikon suru
dudar (vt)	疑う	utagau

29. Los verbos. Unidad 2

encender (vt)	つける	tsukeru
encontrar (hallar)	見つける	mitsukeru
encontrarse (vr)	会う	au
engañar (vi, vt)	だます	damasu
enviar (vt)	送る	okuru
equivocarse (vr)	誤りをする	ayamari wo suru
escoger (vt)	選択する	sentaku suru
esconder (vt)	隠す	kakusu

escribir (vt)	書く	kaku
esperar (aguardar)	待つ	matsu
esperar (tener esperanza)	希望する	kibō suru
estar ausente	欠席する	kesseki suru
estar cansado	疲れる	tsukareru
estar de acuerdo	同意する	dōi suru
estudiar (vt)	勉強する	benkyō suru
exigir (vt)	要求する	yōkyū suru
existir (vi)	存在する	sonzai suru
explicar (vt)	説明する	setsumei suru
faltar (a las clases)	欠席する	kesseki suru
felicitar (vt)	祝う	iwau
firmar (~ el contrato)	署名する	shomei suru
girar (~ a la izquierda)	曲がる	magaru
gritar (vi)	叫ぶ	sakebu
guardar (conservar)	保つ	tamotsu
gustar (vi)	好む	konomu
hablar (vi, vt)	話す	hanasu
hablar con …	…と話す	… to hanasu
hacer (vt)	する	suru
hacer la limpieza	掃除をする	sōji wo suru
insistir (vi)	主張する	shuchō suru
insultar (vt)	侮辱する	bujoku suru
invitar (vt)	招待する	shōtai suru
ir (a pie)	行く	iku
jugar (divertirse)	遊ぶ	asobu
leer (vi, vt)	読む	yomu
llegar (vi)	到着する	tōchaku suru
llorar (vi)	泣く	naku
matar (vt)	殺す	korosu
mirar a …	…を見る	… wo miru
molestar (vt)	邪魔をする	jama wo suru
morir (vi)	死ぬ	shinu
mostrar (vt)	見せる	miseru
nacer (vi)	生まれる	umareru
nadar (vi)	泳ぐ	oyogu
negar (vt)	否定する	hitei suru
obedecer (vi, vt)	従う	shitagau
odiar (vt)	憎む	nikumu
oír (vt)	聞く	kiku
olvidar (vt)	忘れる	wasureru
orar (vi)	祈る	inoru

30. Los verbos. Unidad 3

pagar (vi, vt)	払う	harau
participar (vi)	参加する	sanka suru
pegar (golpear)	殴る	naguru
pelear (vi)	喧嘩をする	kenka wo suru
pensar (vi, vt)	思う	omō
perder (paraguas, etc.)	なくす	nakusu
perdonar (vt)	許す	yurusu
pertenecer a ...	所有物である	shoyū butsu de aru
poder (v aux)	できる	dekiru
poder (v aux)	できる	dekiru
preguntar (vt)	問う	tō
preparar (la cena)	料理をする	ryōri wo suru
prever (vt)	見越す	mikosu
probar (vt)	証明する	shōmei suru
prohibir (vt)	禁じる	kinjiru
prometer (vt)	約束する	yakusoku suru
proponer (vt)	提案する	teian suru
quebrar (vt)	折る、壊す	oru, kowasu
quejarse (vr)	不平を言う	fuhei wo iu
querer (amar)	愛する	aisuru
querer (desear)	欲する	hossuru
recibir (vt)	受け取る	uketoru
repetir (vt)	復唱する	fukushō suru
reservar (~ una mesa)	予約する	yoyaku suru
responder (vi, vt)	回答する	kaitō suru
robar (vt)	盗む	nusumu
saber (~ algo mas)	知る	shiru
salvar (vt)	救出する	kyūshutsu suru
secar (ropa, pelo)	乾かす	kawakasu
sentarse (vr)	座る	suwaru
sonreír (vi)	ほほえむ［微笑む］	hohoemu
tener (vt)	持つ	motsu
tener miedo	怖がる	kowagaru
tener prisa	急ぐ	isogu
tener prisa	急ぐ	isogu
terminar (vt)	終わらせる	owaraseru
tirar, disparar (vi)	撃つ	utsu
tomar (vt)	取る	toru
trabajar (vi)	働く	hataraku
traducir (vt)	翻訳する	honyaku suru
tratar (de hacer algo)	試みる	kokoromiru
vender (vt)	売る	uru

ver (vt)	見る	miru
verificar (vt)	検査する	kensa suru
volar (pájaro, avión)	飛ぶ	tobu

www.ingramcontent.com/pod-product-compliance
Lightning Source LLC
Chambersburg PA
CBHW060028050426
42448CB00012B/2898